중국 화폐의 역사

국립중앙도서관 출판예정도서목록(CIP)

중국 화폐의 역사 / 지은이: 루지아빈, 창후아 ; 옮긴이: 이
재연. — 서울 : 다른생각, 2016
    p. ;   cm

원표제: 中□古□□
원저자명: □嘉彬, 常□
색인수록
중국어 원작을 한국어로 번역
ISBN 978-89-92486-25-5 93910 : ₩15000

화폐[貨幣]
중국(국명)[中國]

327.20912-KDC6
332.4951-DDC23   CIP2016032454

중국 화폐의 역사

초판 1쇄 인쇄 2016년 12월 20일
초판 1쇄 발행 2016년 12월 30일

지은이 | 루지아빈(盧嘉彬), 창후아(常華)
옮긴이 | 이재연
펴낸이 | 이재연

펴낸곳 | 다른생각
주소 | 서울 마포구 독막로 7길 60(4층)
전화 | (02) 3471-5623
팩스 | (02) 395-8327
이메일 | darunbooks@naver.com
등록 | 제300-2002-252호(2002. 11. 1)

ISBN 978-89-92486-25-5 93910
    값 15,000원

* 잘못된 책은 구입하신 서점이나 저희 출판사에서 바꾸어 드립니다.

중국 화폐의 역사

루지아빈(盧嘉彬) | 창후아(常華) 편저

이재연 옮김

다른생각

일러두기

1. 각주는 모두 옮긴이가 독자들의 이해를 돕기 위해 추가한 것이다.

2. 본문 가운데 (   ) 속에 콜론(:) 표시와 함께 부가한 설명은 옮긴이가 독자들의 이해를 돕기 위해 추가한 것이다. 콜론 표시가 없으나 옮긴이가 부가한 내용은 뒤에 '-옮긴이'라고 표기해 두었고, 지은이가 원래 부가한 데에는 '-지은이'라고 표기했다.

3. 기본적으로 중국의 지명은 한글 독음으로 표기했으며, 사람 이름의 경우에는 신해혁명 이전의 인물들은 한글 독음으로 표기했고, 이후의 인물은 현대 중국어의 한어병음방안(漢語拼音方案)에 따라 표기하고, 한자를 병기했다.

옮긴이의 말

　인류 역사에서 화폐가 출현한 시기는, 생산력의 증대로 인해 자급자족에 필요한 것보다 많은 잉여생산물이 발생한 이후이다. 이러한 잉여생산물을 상품으로서 판매하고 교환하기 위한 수단으로서, 가치를 측정하고, 지급하고, 저장해 두는 것이 화폐이다. 즉 경제적 수단으로서의 기능이 본질적 기능이라고 할 수 있다.

　하지만 한 시대의 화폐에는 이러한 경제적 기능 이외에도 여러 가지 문화적 요소들이 농축되어 있다고 할 수 있다. 예를 들어, 각 나라의 지폐나 주화를 보면, 갖가지 액면의 화폐마다 다양한 서체의 문자나 숫자들과 함께 서로 다른 인물 초상·도안·역사적 기물 등의 형상이 인쇄·주조되어 있다. 바로 이러한 인물·기물들은 그 시대 그 지역의 문화를 이해하는 데 많은 함축적인 의미를 담고 있다. 특히 역사적으로 서법(書法)이 예술로서 중요한 지위를 누려 왔던 중국에서는 화폐에 담겨 있는 다양한 서체들은 예술사적으로도 중요한 의미를 갖는다. 이런 시각에서 화폐의 역사를 살펴보는 것은 당대의 경제적 상황을 이해하는 데 필요할 뿐 아니라, 문화를 이해하는 데에도 중요한 실마리를 제공해 준다.

　옮긴이는 몇 년 전부터 중국의 역사와 문화를 이해하는 데 필요한 책들을 번역 출간하고 있다. 이미 출간된 『중국 책의 역사』, 『중국미술사』

(전4권), 『고본 산해경 도설(古本 山海經 圖說)』(전2권), 『반고(班固) 평전』 외에, 현재 번역 중인 『중국사』(전2권), 『공자』 등이 모두 그러한 취지로 기획된 책들이다. 이 과정에서 중국의 화폐가 변화 발전해 온 자취를 살펴보는 것도 중국의 역사와 문화를 이해하는 데 매우 중요하다는 판단을 하게 되었다. 그리하여 번역할 만한 책을 선정하는 일에 착수하였다. 그 과정에서 순수하게 경제사적으로 접근한 매우 전문적인 연구서부터, 매우 소략한 교양서까지 여러 가지 책들을 검토한 뒤, 결국 이 책을 번역 출간하기로 결정한 데에는 다음과 같은 몇 가지 이유가 있다.

첫째, 이 책에는 원시 시대의 패화(貝貨)부터 민국(民國) 시기의 은화에 이르기까지 다양한 화폐의 실물 컬러 도판들이 수록되어 있어, 역대 화폐들을 통해 경제적 측면과 문화적 측면을 생생하게 이해할 수 있다는 점이다.

둘째, 이 책은 전문 연구자들을 위한 학술적 내용뿐 아니라, 일반 독자들을 위한 교양적 내용까지 모두 일정 부분 충족시켜 줄 수 있는 수준의 내용을 담고 있다.

셋째, 주제의 성격으로 보아, 우리나라 독자들이 읽기에 분량이 적절하다고 판단했다.

이러한 판단에 의거해 출간한 이 책이 중국의 역사와 문화에 대한 이해를 증진하는 데 조금이나마 기여할 수 있다면, 옮긴이의 소박한 바람은 충족된다. 더불어 우리나라의 화폐사 연구자들에게 도움이 된다면, 더 이상 바랄 게 없다. 미흡한 번역에 대해 독자 여러분의 따뜻한 조언을 바라마지 않는다.

2016년 12월
옮긴이

출간에 부쳐

　중국 문화는 세계에서 가장 오래된 문화의 하나이자, 또한 중국 민족의 지혜의 결정체이다. 그 풍부한 내용은 중국의 문화를 중심으로 하는 통일성을 충분히 표현해 낼 뿐 아니라, 매우 뚜렷한 다민족의 특징을 띠고 있다. 중국 문화의 통일성은 중국 역사상 어떤 시점이든, 설사 수많은 정치적 분란이나 사회적 동요 속에서도, 분열하거나 와해되었던 적이 없는데, 그 민족성은 곧 중국의 넓디넓은 영토에서 형성된 다원화된 지역 문화와 민족 문화에서 표현된다. 그리고 유구한 역사의 기나긴 과정 속에서, 중국과 외국의 문화 교류가 빈번해짐에 따라, 중국 문화는 다시 수많은 외래의 우수한 문화를 흡수했다. 그것의 휘황찬란함은 철학·종교·문학·예술 속에서 구현되었으며, 그것의 매력은 중국 의학·음식·민속·건축 속에 담겨졌다. 수천 년 동안, 그것은 중국 민족에게 자양분을 공급했을 뿐만 아니라, 세계의 여타 지역의 역사와 문화에 대해서도 중요한 영향을 미쳤다.

　오늘날, 갈수록 많은 사람들이 중국 문화에 대해 깊은 관심을 가지고 있다. 수많은 국가들에서 중국어를 배우는 열풍이 일어나고 있으며, 중국으로 오는 외국의 유학생들도 매년 1만 명 정도씩 늘어나고 있다. 근래에 일부 국가들은 또한 계속 '중국문화절' 행사를 거행하고 있어, 더

많은 외국의 친구들이 옛날과 현대의 중국을 이해하고 인식하려 하고 있다.

중국 민족의 우수한 문화를 펼쳐 보이고, 중국 문화와 세계 각국 문화의 교류를 위해, 우리는 이 〈중화 문화 총서〉(외국판 명칭은 〈용의 문화 : 중국으로 다가가다〉)를 기획·편찬했다. 전체 총서는 중국어·영어·불어·일어·독어·스페인어를 사용하여, 중국과 외국의 독자들에게 중국 문화의 풍부한 내용을 펼쳐 보여준다. 서로 다른 영역으로부터 온 100여 명의 전문가와 학자들의 집필로 인해, 이렇게 화려하고 아름다운 중국 문화의 요소들이 더욱 섬세하고, 더욱 생동감 있고, 더욱 상세하며, 더욱 재미있게 해석될 수 있었다.

전체 총서는 『화하(華夏) 문명 오천 년』을 비롯하여 『공자』·『중국 고전폐(古錢幣)』 등 모두 36권으로 이루어져 있으며, 진실로 중국 문화의 다양한 면면들을 펼쳐 보여주는데, 필자들은 일반적인 생생한 언어로, 길지 않은 내용 속에, 글과 그림이 풍부하고 다채롭게 많은 역사·고사·전설과 재미있는 일화를 기술하고 있어, 풍부한 지식뿐 아니라 가독성도 뛰어나고 재미있다. 또 여러 나라 독자들의 독서 습관도 함께 고려하여, 중국 문화에 흥미를 가진 중국과 외국의 독자들이 읽기에 매우 적합하도록 구성했다.

이 총서는 중국의 산동교육출판사(山東敎育出版社), 백화주문예출판사(百花洲文藝出版社)와 호남과학기술출판사(湖南科學技術出版社)가 연합하여 출판했다. 우리는 이렇게 중국 출판인들이 심혈을 기울인 풍성한 선물이 전 세계 독자들의 사랑을 받기를 진심으로 바란다.(이 내용은 옮긴이가 일부 내용을 축약하여 정리했다.)

기획 총책임 루샹즈(盧祥之)

2009년 1월

▲ 대포황천 '(大布黃千)'의 동제(銅製) 모범(母範) (신)

중국 화폐의 역사 / 차례

머리말

    화폐 문화는 중국 민족의 전통문화 가운데 진귀한 보물이다. 그것은 수천 년 동안의 발전 과정을 거치면서, 독특한 동양적 색채를 띤 화폐 체계를 형성했는데, 화폐 형식의 변화는 물론이고 화폐제도의 진보도 모두 매우 선명한 민족적 특색을 구현하였다.

    '錢(전)'은 '布(포)'·'鎛(박)'과 밀접한 관계가 있는데, 처음에는 청동으로 만든 농지 경작용 생산도구였다. 농민들은 반드시 이러한 도구들에 의지하여 생산노동에 종사했을 뿐만 아니라, '錢'은 또한 토지나 기타 생

▲ 진(秦)나라 반냥(半兩)   ▲ 대천오십(大泉五十) [왕망(王莽) 시기]

산품에 비해 교환하기도 쉬웠기 때문에, 훗날 점차 화폐로 변화했으므로, '錢'이라는 명칭도 계속 사용되어 왔다. '錢'은 또한 '泉'(천 : 샘이라는 뜻)이라고도 하는데, '泉'자는 처음에는 한(漢)나라의 통치자가 재부(財富)를 착취하려는 욕망에서 차용한 것이다. 샘물은 사방팔방에서 한 곳으로 모여들어 강물을 이루고, 다시 사방팔방으로 흐르는 까닭에 '泉'으로 '錢'을 일컫게 되면 그 이미지가 더욱 생생해진다. 이 때문에 한대에 이르기까지 '泉'이라는 이 전용어(轉用語)는 여전히 사용되었다. 화폐에서 '元'자는 당나라 때 처음 사용되었는데, 새로운 기원(紀元)을 열어 새로운 돈을 주조한다는 의미를 취했다. 이 '元'자는 원(元)나라 때에 이르러 또 다른 의미를 갖게 되는데, 은괴(銀塊) 위에 '元寶(원보)[1]'라는 두 글자를 새겼으며, 이는 바로 "원나라의 보화(寶貨)"라는 의미이다. 명(明)나라 만력(萬曆) 연간(1572~1620년)에 유럽의 화폐가 처음으로 중국에 전해졌

1 元寶(원보) : 배[舟] 모양으로 된 순은(純銀) 덩어리.

▲ 황송통보(皇宋通寶) (북송)　　▲ 만주 문자[滿文]로 된 천총칸전
　　　　　　　　　　　　　　　　　　(天聰汗錢)의 앞면 (청)

는데, 당시 시중에서 가장 널리 유통된 외국 화폐는 스페인과 멕시코의 은화였다. 그 모양이 원형[圓]이었기 때문에, 1개를 또한 1원(圓)으로 삼았으므로, 이는 화폐의 명칭이자 또한 단위의 명칭이기도 하다. 오랜 시간이 흐르면서, 쓰기 편리하도록 하기 위해 훗날 사람들은 음(音)이 같은 글자인 '元'자로 '圓'자를 대체하여 사용하였다. 이리하여 '元'자는 곧 사람들이 익숙하게 사용하면서, 오늘날까지도 줄곧 사용되고 있으며, 중국 화폐의 단위가 되었다.

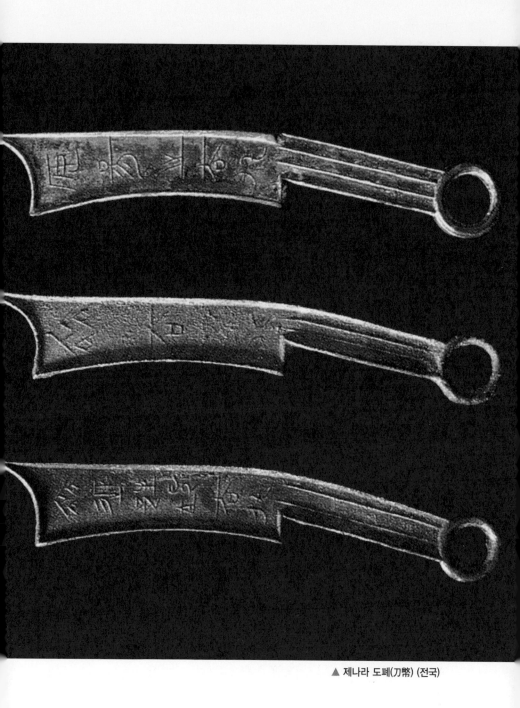

▲ 제나라 도폐(刀幣) (전국)

1. 선진(先秦) 시기에 처음 출현한 화폐

재미있는 것은, 중국 최초의 '돈[錢]'이 뜻밖에도 바다 속에 사는 조개 껍데기였다는 점이다. 원래 중국에서 금속 화폐가 출현하기 전에는 바로 바닷조개를 화폐로 삼았다는 것이다. 바닷조개는 작고 정교하며 영롱한 데다, 색채가 아름답고 단단하여 오래 사용할 수 있었으므로, 원시인들이 좋아하는 장식품의 하나였다. 또한 그 크기가 적당하고, 줄에 꿰어 휴대하기에 편리하며, 숫자를 세기 쉬웠기 때문에, 사회 경제의 발전과 상품 사회의 형성에 따라 잉여생산물이 증가하고 '물물교환'이 불편해지자, 조개껍데기는 점차 최초의 화폐가 되었다. 하(夏)·상(商) 시대 (대략 기원전 22세기말~기원전 11세기)의 유적에서는 수많은 천연 바닷조개 가 출토되었다. 기원전 6세기 후기에, 당시 사람들이 한 마리의 소를 사기 위해서는, 한 말[斗]²에 달하는 패폐(貝幣 : 천연 조개껍데기 화폐)나 혹은 방패(仿貝)³를 힘겹게 짊어지고 시장에 가야 했다. 만약 더 귀중한 물

---

2 말[斗] : 옛날 용량의 단위로, 1말은 10되[升]이다.
3 방패(仿貝) : 상(商)·주(周) 시대(기원전 16세기~기원전 8세기)에 경제와 무역이 발전함에 따라, 천연 화패(貨貝 : 천연 조개껍데기로 만든 화폐)의 유통이 부족한 것을 보완하기 위해, 조개껍데기를 모방하여 만든 석패(石貝)·옥패(玉貝)·골패(骨貝)·방패(蚌貝 : 대합조개 껍데기로 만든 것) 및 도패(陶貝) 등을 통틀어 일컫는 말이다. 방패의 교환가치는 대략 천연의 화패와 비슷하거나 약간 낮았다.

건을 사려면, 지니고 있는 '패폐'의 수량은 반드시 어깨에 메고 가거나 수레에 싣고 가야만 했다. 이와 같이 단일하고 낮은 액면의 화폐제도는 줄곧 선진(先秦) 시기까지 이어졌다. 최초의 패폐의 계량(計量) 단위는 '朋(붕)'이었다. '朋'이라는 옛 글자의 본래 의미는 한 꿰미 혹은 두 꿰미가 서로 이어져 있는 '조개[貝]'를 가리켰는데, 훗날 점차 계량 단위로 변화했다. 중국 문화의 가장 중요한 전달체인 한자 가운데, 재부(財富)나 가치(價値)와 관계가 있는 글자들의 대다수는 화폐의 최초 형태였던 '貝'와 관계가 있다. 예를 들면, 貴(귀)·資(자)·貪(탐)·貧(빈)·財(재)·購(구) 등이 그러한 글자들이다. 몇 천 년의 역사를 가진 이러한 문자들의 형성은, 중국 화폐의 역사가 대단히 오래되었으며, 또한 화폐는 문화와 밀접한 관계가 있다는 것을 말해 준다.

중국의 화폐사(貨幣史)는 바로 중국의 역사이다. 일찍이 기원전 22세

▼ 동패(銅貝)(상)

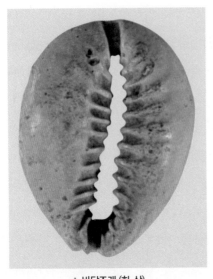

▲ 바닷조개 (하·상)

기말에, 중국 역사상 첫 번째 왕조인 하(夏) 왕조가 건립되었는데, 이른바 '선진사(先秦史)'는 곧 하 왕조 및 그 이후에 출현한 상(商) 왕조·주(周) 왕조[서주(西周)와 동주(東周)의 두 시기를 포괄하며, 동주는 다시 춘추(春秋)와 전국(戰國)의 두 시기로 구분된다]를 가리킨다. 이 역사 단계는 노예 사회였으며, 농업 경제에 속했다.

하 왕조 때, 농업 생산 기술은 원시 사회에 비해 약간 향상되었는데, 영리한 원시인들은 절기(節氣)와 간지기일법(干支記日法)⁴을 발명했으며, 농업 생산도구는 이미 석기 제품이 아니라 금속 도구였다. 서주는 정전제도(井田制度)⁵를 실행했다. 이 때부터 목축업은 농업과 분리되기 시작

----

4 간지기일법(干支記日法) : 간지(干支)를 가지고 날짜를 기록하는 법인데, 간지란 천간(天干)과 지지(地支)를 함께 일컫는 말이다. 십간(十干)은 갑을병정무기경신임계(甲乙丙丁戊己庚辛壬癸)를 가리키고, 십이지(十二支)는 자축인묘진사오미신유술해(子丑寅卯辰巳午未申酉戌亥)를 가리킨다.

5 정전제도(井田制度) : 중국 고대 사회의 토지 국유제도의 한 형태로, 상나라 때 출현했으며, 서주(西周) 때 매우 발전했다. 서주 시기에 도로와 수로가 종횡으로 교차하여, 토지를 네모 나게 구분해 놓아, 그 모양이 '井'자 모양이었기 때문에, '정전(井田)'이라고 불렀다. 정전은 주나라 왕의 소유였는데, 서민들이 사용하도록 분배했다. 영주는 정전을 매매하거나 양도할 수 없었으며, 또한 일정한 공물을 바쳐야 했다. 영주는 서민들이 집단으로 정전을 경작하도록 강요했는데, 주변은 사전(私田)이고, 가운데는 공전(公田)이었다. 그래서 명목상으로는 국가 소유였지만, 실질적으로는 개인 소유, 즉 귀족의 소유였다. 춘추 시기에는 철제 농기구의 발달과 우경(牛耕)

하여, 목축의 수준과 능력이 매우 높은 단계까지 발전했다. 수공업이 점차 발달함에 따라, 많은 노예들이 수공업 작업장으로 보내져 생산에 종사했다. 상업도 발전하기 시작하여, 이미 사람들이 먼 곳에 가서 물건을 판매할 수 있도록 했으며, 또한 일부 사람들은 장사에 의지하여 생계를 유지했다[장사하는 사람을 '상인(商人)'이라고 불렀는데, 이 호칭은 오늘날까지 계속 사용되고 있다]. 당시 상인의 지위는 이미 매우 높았다. 춘추 시기에는 '토지를 균등하게 백성에게 분배하고[均地分民]' '백성들에게 재화를 골고루 분배하는[民民分貨]' 정책을 실행하여, 농민들의 생산에 대한 적극성을 최대한 불러일으킴으로써, 농업 생산성을 크게 향상시켰다. 수공업도 발전하여, 모든 물품들이 정교하고 간편하게 변화함으로써, 교환하기에 편리해졌다. 생산 도구와 기술의 진보와 더불어 농업·수공업·교통의 발전은, 상업이 더욱 광범위하게 발전하도록 함으로써, 정기적으로 시장에서 행해지는 상업이 출현하기 시작했다. 사회 경제와 무역의 필요가 상품 교환의 등가물(等價物), 즉 화폐가 출현할 조건을 조성했다.

최초의 포폐(布幣)

상(商)나라는 상업을 중시했다. 사람들은 상나라의 고분 속에서 대량의 조개껍데기를 발견했는데, 묘의 규모가 클수록 조개껍데기의 수량이 많았다. 예를 들면 은허(殷墟) 5호 묘[부호묘(婦好墓)라고도 함]에는 부장된

의 보급 등 여러 원인들로 인해 정전제가 점차 와해되었다. 정전제에 대한 고고학적 자료가 부족하기 때문에, 어떤 학자는 말하기를, 정전제는 단지 유토피아식 이상적 제도였을 거라고 한다.

조개껍데기는 6천여 개나 되었는데, 이는 조개껍데기가 당시에 부의 상징이었다는 것을 말해 준다. 춘추 시기에, 소국(小國)들 간의 '화패(貨貝)'의 형상과 제도가 서로 달라, 군왕(君王)이 신하에게 주는 하사품이나 귀족들 간의 토지 교환에 사용되었는데, 어떤 지방에서는 천연의 바닷조개를 사용했고, 어떤 지방에서는 금(金)을 도금한 동패(銅貝)를 사용했으며, 어떤 지방에서는 문양이 없는 동패를 사용하기도 했다. 당시의 이러한 화폐들은 일정한 형식에 맞게 주조하지도 않았고, 정해진 성분이나 중량도 없었으므로, 유통할 때 성분을 감정하고 중량을 재서 금액을 확정해야 했다. 이러한 것들은 금속화폐의 전신, 즉 '칭량화폐(稱量貨幣 : 무게를 재거나 수량을 세어 사용하는 화폐)'이며, 화폐의 범주에서 '주폐(鑄幣 : 일정한 형태와 규격으로 주조한 화폐)'는 아니다.

사회 경제의 발전과 금속 도구의 보급으로 인해, 황하 유역 중부와 삼진(三晉)⁶ 지역에서는 점차 진정한 의미의 주폐가 나타나기 시작했는데, 최초로 출현한 것이 공수포(空首布)이며, 후에 변화하여 각종 평수포(平首布)가 되었다. 이 때부터 '화폐'가 각 제후국들과 각 지역들에서 서로 다른 형태로 유행하기 시작하면서, 점차 화폐 문화는 중국 문명·문화의 한 부분이 되었다.

동주(東周) 경왕(景王) 21년(기원전 524년)에는 '포폐(布幣)'를 주조하였다. 그것은 고대의 농기구인 부삽[鏟]을 모방하여 만든 것이다. 옛날에 땅을 파는 농기구에는 하나의 손잡이가 달려 있어, 금속 도구에 손잡이를 꼽기 위해 기술자들은 농기구의 손잡이를 설치할 곳에 속이 비어 있는 방

---

6 삼진(三晉) : 중국 역사에서 전국 시기에 조(趙)·위(魏)·한(韓)의 세 나라가 있던 지역을 함께 일컫는 말이다.

▲ 공수포(空首布) (춘추)

추(方錐 : 네모난 송곳 모양의 물체)를 만들었는데, 화폐의 형태에서 이것을 '銎(공 : 도끼자루 구멍)'이라고 부른다. 그러나 이러한 포폐는 실제로 사용되는 부삽에 비해 상당히 작아져야만 했다. 어째서 화폐는 '布(포)'와 연관을 맺게 되었을까? 옛날에 사람들은 삽처럼 생긴, 땅을 파는 도구를 일컬어 '鎛(박)'이라고 했는데, 과거에는 '鎛'과 '布'의 음가가 유사하여 서로 바꾸어 사용할 수도 있었기 때문에, '鎛'이 '布'로 바뀌게 되었다. 초기의 포폐 중 큰 것은 길이가 16센티미터, 폭이 10센티미터 정도였다. 어떤 것은 위에서 아래로 세 개의 볼록 튀어나온 선이 있다. 이러한 포폐는 유통 과정에서 여러 가지 불편한 점들이 있었다. 예를 들면 사각형에 속이 비어 있는 머리 부분과 뾰족한 어깨와 다리는 매우 쉽게 사람에게 상처를 입혔으며, 또 많은 양을 휴대하고 보관하기에도 불편했다. 후에 포(布)의 형태는 점차 작아졌고, 또한 윗면에 약간의 글자도 넣었는데,

▲ '삼진(三晉)'의 포폐 (전국)

예컨대 숫자나 간지(干支) 및 지명 등이다.

소형 '포폐'의 두께는 대략 0.5밀리미터, 무게는 15.3그램 정도이다. 앞면에는 직선으로 된 무늬가 없고, 그 뒷면은 평평하고 밋밋하다. 대형 포폐는 1984년에 낙양(洛陽)의 고분과 하남(河南) 이천(伊川) 부류점촌(富留店村)의 고분에서 잇달아 700여 개가 출토되었다. 소형 포폐는 낙양에 있는 8기의 고분 속에서 고작 18개밖에 출토되지 않았으며, 매우 보기 드물다.

전국 시기 조(趙)나라에서 만든 크고 뾰족한 다리를 가진 포폐 한 개가 2004년에 차이나 가디언 옥션(China Guardian auction)에서 인민폐(人民

幣) 3300원(대략 60만 원으로, 2009년도의 중국 1인당 국민소득은 대략 4300원 정도였음-옮긴이)에 낙찰되었는데, 소형 포폐 한 개는 11,000원에 낙찰되었음을 볼 때, 소형 포폐는 한층 "실물이 드물고 적어서 귀하다[物稀爲貴]"는 것을 알 수 있다. 전국 시기에 이르러 일부 주요 제후국들, 예컨대 한(韓)·위(魏)·조(趙)·연(燕)·초(楚)나라 등은 모두 이러한 '포폐'를 발행했다. 이런 양식의 화폐가 발견된 지역은 주로 오늘날의 산서(山西) 중남부와 하남 지역으로, 당시의 주요 농업 지역들뿐인데, 산지(產地)부터 형태에 이르기까지 모든 게 화폐의 생산은 당시 사람들의 생산·생활과 밀접하고 불가분하게 연관되어 있었다는 것을 알 수 있다.

칼[刀]처럼 생긴 도폐(刀幣)

도폐란, 바로 그 형상이 작은 칼처럼 생긴 화폐이다. 1970년대에 북경의 연경현(延慶縣) 부락에 있는 고분에서 많은 청동 도폐와 첨수도폐(尖首刀幣 : 머리 부분이 뾰족한 도폐)가 출토되었다.

춘추 시기에 동부 연해 지역에 있던 제(齊)나라의 사회 경제가 발달하자, 제나라 군주는 상품 교류가 번영하도록 하기 위해 칼처럼 생긴 청동화폐를 주조했는데, 이를 '도폐(刀幣)'라고 부른다. 이러한 도폐는 처음에 제나라에서 사용되기 시작했기 때문에 '제도(齊刀)'라고도 부른다. 전국 시기에는 연·조나라 등지에서 도폐가 '포폐'와 함께 유통되었다.

도폐는 도수(刀首 : 칼 머리)·도신(刀身 : 칼날이 달린 몸통 전체)·도병(刀柄 : 칼 자루) 및 도환(刀環 : 칼코등이, 즉 손잡이 끝에 있는 둥근 고리) 등 네 부분으로 이루어져 있다. 칼의 외형은 칼날이 바깥쪽을 향해 있지 않

▲ 제나라의 법화도(法化刀) (전국)

고, 왼쪽을 향해 있으며 오른쪽을 향하고 있지 않다. 등[背]이 오목하고
날[刃]이 볼록하다. 또 도수는 삼각형처럼 생겼고, 도신과 도병은 크기
가 비슷한 두 개의 직사각형이며, 도환은 원형이다. 이러한 몇 가지 기
하(幾何) 형체들이 교묘하게 한데 조합되어, 단정하고 매끈한 형상을 이
루고 있다. 실제로 측량해 보면 일반적인 도폐의 도환 직경과 도수 길이
의 비율은 1 : 7.5인데, 이는 바로 사람의 머리와 키의 비례에 해당한다.
그리고 전체 '도폐'의 길이(일반적으로 18센티미터 정도)는 거의 사람 손의
길이와 같다. 만약 6개의 도폐를 길게 연결하면, 곧 하나의 동그라미를
만들 수 있는데, 이것은 바로 중국 고전인『주례(周禮)』에서 말한, "축씨
(築氏)[7]가 칼을 만들었는데, 길이는 한 자, 너비는 한 치였고, 여섯 개의 칼

---

7 축씨(築氏) : 고대 중국의 관직명으로, '서도(書刀)'를 관장하여 제작하였으며, 금속
을 전문으로 다루는 관리[攻金之工]였다. '서도'란, 목간(木簡)이나 죽간(竹簡)에 글자
를 새기는 칼이다.

을 합하면 원이 되었다[築氏爲削, 長尺博寸, 合六面成規]"[8]이다. 이처럼 정확한 설계와 구상은, 옛 사람들의 총명한 지혜가 만들어 낸 것이다. 이후 제나라의 군사력이 강대해짐에 따라, 끊임없이 주변국들과 전쟁을 벌여 영토가 점차 넓어지자, 제나라의 도폐가 유통되는 범위도 점차 확대되었다. 도폐는 또한 주조한 지역과 형체의 차이에 따라, '제도(齊刀)'·'연도(燕刀)'를 형성하였으며, 그 밖에 두 소국들인 조(趙)나라와 중산국(中山國)도 곧은 모양의 도폐를 주조하였다. 그리하여 도폐에는 제(齊)·연(燕)·조(趙 : 중산국 포함)의 3대 계열이 있다.

최초의 원형(圓形) 화폐

역사상 화폐의 형태와 제도는 매우 다양했는데, 유통이 가장 광범위했고 사용 시기도 가장 긴 것은 원형 화폐이다. 원형 화폐는 전국 시기에 탄생했는데, 크게 두 종류로 나눌 수 있다. 하나는 원형에 둥근 구멍이 있는 것으로, 비교적 원시적인 형태이며, 다른 하나는 원형에 네모난 구멍이 있는 것(원형에 원형 구멍이 있는 것이 점차 변화한 것이다)이다. 초기 원형 화폐의 구멍은 좁고 작았는데, 이후에 점차 크게 변했다. 원형 화폐의 앞면에는 글자를 주조해 넣었으며, 뒷면에는 글자가 없다. 구멍의 형태가 다르고 사용한 지역이 달랐으므로, 어떤 지방에서는 '원전(圓錢)'이라고 불렀고, 어떤 지방에서는 '환전(圜錢)'이라고 불렀다. 따라서 예로부터 원전과 환전이라는 명칭이 혼용되었다.

---

8 『주례』 「동관고공기(冬官考工記)」에 나오는 구절이다.

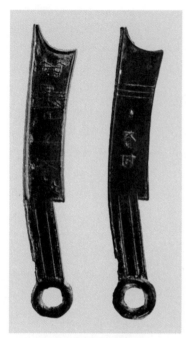

▲ 즉묵(即墨)의 법화도

환전은 옥벽(玉璧)[9]과 옛날의 방륜(紡輪)[10] 형상이 변화해 온 것이다. 환전은 다시 '냥(兩)'을 단위로 하는 진(秦)나라의 환전과 '근(釿)'을 단위로 하는 양주(兩周 : 서주와 동주)·삼진(三晉) 지역의 환전 및 전통 화폐 단위인 '도(刀)'를 명칭으로 하는 제(齊)·연(燕)나라의 환전으로 나뉜다.

환전은 '안장전(安臧錢)'이 최초인데, 이런 종류의 화폐는 직경이 3센티미터 정도이며, 구멍은 0.8센티미터 정도이고, 글자는 왼쪽에서 오른쪽으로 가로쓰기를 했으며, 예스러우면서 투박하고, 재질은 청동이다. '安臧'이라는 두 글자는 지명(地名)이지만, 현재도 아직 이곳이 어느 지방인지 확실하게 알지 못한다. 1958년에 하남 낙양에서 안장전 한 개가 출토되었는데, 가운데의 구멍은 작고, 그 유통 기간은 대략 동주 초기부터 춘추 중기까지이며, 유통된 지역은 아마도 황하와 가까운 하남·산서(山西) 지역이었던 것 같다. 또 하나는 '제음전(濟陰錢)'이다. '濟陰'도 역시 지명인데, 오늘날의 산서성 영하현(榮河縣)이다. 제음전은 진나라의 환전들 가운데 가장 오랫동안 유통되었고, 변화도

---

9 옥벽(玉璧) : 가운데에 둥근 구멍을 뚫은 평평하고 둥근 옥기(玉器).
10 방륜(紡輪) : 신석기 시대의 유물로, 베를 짜는 데 사용하던 도구이다. '방전(紡專)'·'전(塼)'·'와(瓦)'라고 부르기도 한다. 은허(殷墟)에서 출토된 갑골문 복사(卜辭)에서, '專'자는 옛날 사람들이 베를 짜는 자태를 형상화한 문자이다. '복사'란 고대 사람들이 점을 친 내용을 갑골에 기록해 둔 문자를 말한다.

▲ 제나라 환전(圜錢)

가장 많았다. 제음전은 직경이 3.7센티미터 이상이며, 무게는 9그램이고, 구멍이 비교적 커서, 대략 1센티미터 이상이다. 글자의 서체는 매우 깔끔하며, 정사(正寫 : 정상적으로 쓴 글자)와 반사(反寫 : 도장을 새기듯이 뒤집어 쓴 글자)의 두 가지가 있다.

둥근 구멍이 있는 환전의 공통된 특징은 구멍이 비교적 커서, 직경이 0.9~1.4센티미터이며, 돈의 직경은 3.2~3.6센티미터이고, 주조 상태가 깔끔한데, 어떤 것은 바깥 테두리가 있고, 앞면의 글자에는 지명을 새겨 넣었다. 이러한 형식의 화폐는 '포폐(布幣)'나 '도폐(刀幣)'에 비해 휴대하기가 더욱 편리해졌으며, 서로 주고받기도 더욱 편리해져서, 상품 교환의 요구에 적합했다. 조(趙)나라의 포폐·도폐·환전에는 모두 '藺(린)'자가 새겨져 있다. 이런 화폐는 매우 보기 드물다. 1919년에 저명한 화폐학자인 정자상(鄭家相, 1888~1962)이 직예성[直隷省 : 지금의 하북성(河北省)] 재정청(財政廳)에 재직하고 있었는데, 천진(天津)에 거주하면서, 유명한 수장가(收藏家)인 팡뤄(方若, 1869~1954년)와 밀접하게 왕래하였다. 한번은 정자

▲ '垣(원)'자 환전(圜錢)

상이 골동품 가게 안에서 '藺' 자가 새겨져 있는 환전 한 개를 보았는데, 수색(銹色 : 동전에 녹이 슨 후에 나타나는 색)은 이미 없어졌고, 글자도 뚜렷하지 않았다. 가게 주인은 대양(大洋)[11] 20원(元)을 요구했는데, 정자상은 대양 10원을 주고 구입했다. 그는 가게 주인에게 "팡뤄 선생은 이 돈을 못 보았습니까?" 하고 물었다. 그러자 가게 주인은 대답하기를, "그 분은 일찍이 봤지만, 사려고 하지 않았지요. 만약 그러지 않았다면 10원에 당신이 어찌 살 수 있었겠어요"라고 했다. 이튿날 정자상은 그 동전을 들고 팡뤄를 만나러 갔다. 그리고 그에게, "당신은 이 돈을 본 적이 없으신가요?" 하고 물었다. 그러자 팡뤄는 대답하기를, "내가 보았는데, 가짜였소. 그렇지 않았으면 내가 진즉 샀지요"라고 했다. 그러자 정자상이 이렇게 말했다. "내가 이 돈을 보니, 비록 녹색은 없지만, 구리의 색깔이 매우 오래되었습니다. 글자는 비록 또렷하지 않지만, 정미(精微)함이 여전히 존재하고 있으니, 분명 호사가가 위조할 수 있는 것은 아니외다." 팡뤄는 이 말을 믿지 않았다. 한 달 후에, 팡뤄가

---

11 대양(大洋) : 선통(宣統) 원년(1909년)에 청나라 정부는 주폐국(鑄幣局)을 설립하고, 통일적으로 대형 은화인 은원(銀圓)을 발행했다. 이 때 발행한 은원은 윗면에 몸을 서리고 있는 용의 형상이 있었기 때문에 '용양(龍洋)'이라고 불렸다. 갖가지 형태의 은원을 통틀어 '대양'이라고 불렀다.

북경의 골동품 가게에서 '藺'자가 있는 동전 한 개를 샀는데, 대양 600원을 지불했다. 그는 천진으로 돌아와서는 정자상의 집에 가서 그에게 이렇게 물었다. "당신 그 물건 아직 가지고 있소? 가져와서 한번 비교해 봤으면 하오." 정자상이 자기의 '藺'자가 새겨진 동전을 가져와서 비교해 보니, 팡뤄가 구입한 그 동전의 글자는 오른쪽에 있었고 비록 정교함의 차이가 있긴 했지만, 제작 방법은 서로 같았다. 이리하여 마침내 정자상이 가지고 있는 그 동전이 위조품이 아니라고 단정했다. 이 원형 동전은 2004년에 차이나 가디언 옥션의 경매에서 한 개에 2750원에 낙찰되었다. 이는 이 돈이 매우 보기 드물고, 그 진품은 매우 진귀하여 구하기 힘들다는 것을 말해 준다.

초나라 금폐(金幣)

서주(西周) 때 초(楚)나라는 형산(荊山) 일대에서 나라를 세웠으므로, 형초(荊楚)라고 불렀다. 초나라 문왕(文王) 때, 도읍을 영[郢 : 오늘날의 호북 형주(荊州) 기남성(紀南城)]에 정했다. 초나라는 당시 매우 강대했는데, 초나라 장왕(莊王)과 문왕(文王)은 패주가 되어, 영토가 서북쪽으로는 무관[武關 : 오늘날의 섬서 상남(商南) 남쪽]까지, 동남쪽으로는 소관[昭關 : 오늘날의 안휘 함산(含山) 북쪽]까지, 북쪽으로는 오늘날의 하남 남양(南陽)까지, 남쪽으로는 동정호(洞庭湖) 이남까지 이르렀다. 전국 시기에 초나라의 영토는 다시 끊임없이 확대되어, 동북쪽으로는 오늘날의 산동 남부까지 이르렀고, 서남쪽으로는 오늘날의 광서 동북쪽 모서리까지 이르렀다. 초나라 회왕(懷王)은 월(越)나라를 공격하여 멸망시킨 뒤, 다시 오

▲ 동패폐(銅貝幣) (전국)

늘날의 강소·절강 일대에까지 영토를 확대하였다.

초나라가 관할했던 지역은 중국 최초로 황금을 사용한 곳으로, 초나라 지역에 있던 상대(商代)의 묘 속에서 금엽(金葉 : 얇은 금 조각)으로 만든 용 문양 장식품이 발견되었는데, 전국 시기에 황금은 이미 중요한 화폐로 발전했다.

초나라에는 일종의 네모난 금판(金版)이 있었는데, 윗면에 동인(銅印)을 이용하여 몇 개의 작은 사각형 모양을 찍어 놓았으며, 거북 등딱지의 모양을 연상시키는 '인자금(印子金)'이 있었다. 손상되지 않은 완전한 것의 무게는 대략 500그램이며, 금 함유량은 일반적으로 90% 이상이고, '郢爰(영원)'·'陳爰(진원)'·'穎(영)'·'覃金(담금)'·'隔爰(격원)' 및 '盧金(노금)' 등의 명문(銘文)들이 있다. 이와 같이 '爰(원)'자가 있는 화폐들을 습관적으로 '爰金(원금)'이라고 부른다. '원금'에는 형태·명문·중량이 있으며, 초나라의 칭량화폐(稱量貨幣)의 일종이다. 1958년, 1969년, 1984년에 연달아 오늘날의 호북·안휘·하남·강소·산동 등지에서 '원금'이 발견되었는데, 특히 '郢爰'이 가장 많다. '郢(영)'은 초나라의 도성 이름이고, '爰(원)'은 화폐의 중량 단위이다. 또한 일종의 금병(金餅 : 금으로 만든 둥글넓적한 물건)이 있는데, 어떤 지방에서는 '柿子金(시자금)'·'麟趾金(인지금)'·'馬蹄金(마제금)'이라고 불렀으며, 황금을 동그란 형태로 주조한 것이다. 이것은 1954년에 호남 장사(長沙) 좌가공산(左家公山) 제15호 묘에서 출토되었으며, 이후 하남의 양성(襄城) 이북과 안휘의 부남(阜南)·수현(壽縣)에서도 모두 출토되었다는 기록이 있다.

▲ 왕망(王莽) 시기의 화폐들

2. 크게 성숙해진 진(秦)·한(漢) 시대의 화폐

진(秦)나라의 주조(鑄造) 화폐

기원전 221년, 진나라는 관동(關東) 육국(六國) 가운데 최후의 나라인 제(齊)나라를 멸망시키고, 통일 대업을 완성했다. 중국 역사상 '천고일제 (千古一帝 : 천 년에 한 번 나올 만한 위대한 황제)'라고 불리는 영정(嬴政)은 진 왕조를 창건하고, 스스로 '시황(始皇)'이라고 불렀다. 진 왕조가 건립된 이후, 오랫동안 이어져 오던 분봉제도(分封制度)[12]를 폐지하고, 군현제(郡縣制)를 시행하여, 전국을 36군(郡)으로 나누고, 군 밑에 현(縣)을 두었으며, 중앙에는 삼공구경(三公九卿) 제도를 실행하여, 중앙에서부터 지방에 이르기까지 중요한 관리들은 모두 황제가 임면하였다. 그리고 법률·도량형·화폐 및 문자를 통일하였다. 진나라가 통일하기 전에, 각 제후국들은 각자가 통치를 했으며, 스스로 화폐를 발행하여, 화폐의 형상이 각기 다르고 무게도 일정하지 않아 환산하기가 매우 어려웠으므로, 당시

---

12 분봉제도(分封制度) : 봉건제(封建制)라고도 한다. 좁은 의미의 '봉건'은 지역의 맹주나 중앙 왕조가 종족이나 인척·공신의 자제·이전 왕조의 유민(遺民) 등에게 영지(領地)와 상당한 통치권을 나누어 주는, 일종의 정치제도이다. 종법제(宗法制)는 분봉제도의 기초인데, 가족 범위에서 시행한 것이 종법제이며, 국가 범위에서 실시한 것이 분봉제이다.

상품 유통에 매우 큰 장애가 되었다. 진시황은 시황(始皇) 37년(기원전 210
년)에 전국의 화폐를 통일하였다. 그는 원래 각국에서 유통되던 옛 화폐
를 폐기하도록 명령하고, 진나라의 '반냥(半兩)'을 기초로 하는 새로운 화
폐제도를 추진하였다. 화폐의 재질·중량·형상·사용에 대해 명확한 규
정을 만들었으며, 또한 화폐의 주조권을 중앙에 집중하여, 개인이 화폐
를 주조하는 것을 엄격하게 금지했다. 실제로 진나라 '반냥'은 주조 기술
방면에서는 결코 선진 시기 각 나라들의 동전을 뛰어넘지는 못했는데,
그것의 유통은 국가 권력에 의지하여 확대된 것이다.

진시황이 화폐제도를 통일한 후, '반냥'전은 전국적으로 통일된 법정

화폐가 되었다. '반냥'전은 바깥이 둥
글고 안은 네모나며, 안팎에 테두리
가 없고, 뒷면은 평평하여 무늬가 없
다. 그리고 전서(篆書)[13]로 새긴 '半兩'
이라는 두 글자는 구멍의 양 옆에 따
로 배치되어 있고, 글자는 볼록 튀어
나와 있는데, 이는 진나라 승상(丞相)
이었던 이사(李斯)가 쓴 것이라고 전
해진다.

▲ 진나라 반냥(半兩)

'반냥'전은 원(圓) 안에 네모[方]가
있으며, 네모 밖에 원이 있어, 강함과 부드러움이 함께 도와 주고 있으
며, 정(靜)과 동(動)이 결합하여, 고르게 균형이 잡혀 있다. 조형은 대단
히 정치적인 색채를 띠고 있는데, 그것은 진대(秦代)의 '천명(天命)과 황권
(皇權)'의 상징이다. 진대의 통치자는, 바깥의 원은 천명을 상징하고, 안
의 네모는 황권을 나타낸다고 인식하여, 바깥은 원이고 안은 네모인 형
상으로 돈을 만들었다. 그리하여 천하에 군림하며, 황권은 더없이 높아
[皇權至上], 진나라의 '반냥'은 어느 곳이나 유통되고, 황권의 위엄은 어
느 방향이나 퍼져 나간다는 것을 상징했다.

'반냥'전 위에 있는 숫자는 중국 고대의 음양오행(陰陽五行) 사상을 담

---

13 전서(篆書) : 전서란, 대전(大篆)과 소전(小篆)을 함께 일컫는 말이다. 필법은 가늘고
   힘차며 직선이 비교적 많다. 대전은 금문(金文)·주문(籀文)·육국(六國)의 문자를
   가리키는데, 그 문자들은 고대 형상문자의 뚜렷한 특징을 지니고 있다. 소전은 진
   전(秦篆)이라고도 부르며, 진나라에서 통용된 문자로서, 대전을 간소화한 서체이
   다. 그 특징은, 형체가 균일하고 단정하며, 글자체는 주문에 비해 쓰기 쉽다.

▲ 진나라 반냥

고 있다. '반냥'의 무게는 12수(銖 : 진대에는 24수가 1냥이었다)[14]이고, 직경은 12푼[分][15]이며, 구멍의 사방 길이는 각 6푼씩인데, 이런 숫자들은 모두 6 혹은 6의 배수이다. 이와 같이 많은 6이 화폐 위에 나타나 있는데, 이는 우연한 현상이 아니고, 거기에 담긴 의미는 고대인들의 어떤 사상을 담아내고 있다.

진나라의 '반냥'은 사용하기에 편리했기 때문에, 역대 왕조에서 발행한 동전의 기본 형식을 확립했다. '반냥'전의 무거운 것은 10그램 이상이며, 가벼운 것은 고작 1그램 남짓밖에 되지 않는다. 그것의 중량은 그다지 정확하지 않았을 뿐만 아니라, 왕왕 수시로 변하기도 하여, 무게도 일정치 않고, 크기도 달랐다. 엄밀히 따져 본다면, 수많은 '반냥'전은 표준에 못 미치는 것들이다. 당시 일반적으로 쌀값이 한 가마에 고작 동전 몇 십 개였고, 한 말[斗]의 쌀은 단지 동전 3개에 불과했는데, 이는 당시 물가가 매우 쌌고, 돈의 가치는 곧 비교적 귀했다는 것을 말해 준다.

역사 자료들의 기록에 따르면, 한(漢)나라 개국 황제인 유방(劉邦)이 아직 일개 평민이었을 때, 그의 고향인 패현(沛縣 : 오늘날의 강소 패현)에는

---

14 수(銖) : 중국의 문헌에 따르면, 고대에 1냥은 15.6그램이었다고 한다. 따라서 1수는 0.65그램에 해당한다.
15 푼[分] : 치[寸]의 10분의 1로, 대략 3.3밀리미터 정도이다.

진나라의 속관(屬官 : 장관에게 소속된 관리)인 소하(蕭何)가 있었는데, 몇 번 그의 신분을 이용하여 유방을 비호해 준 적이 있었다. 훗날 유방은 사람들을 모아 반란을 일으켜, 진나라 패현의 현령(縣令)을 살해하였다. 소하는 유방을 보좌하여 기의한 후, 유방을 천거하여 패공(沛公)으로 삼았고, 또한 패현의 자제(子弟)들을 소집하여 군대를 조직하자, 기세가 점차 커졌다. 한번은 유방이 군대를 이끌고 함양(咸陽)에 진격하여 주둔할 때, 관리들은 각각 유방에게 3개씩의 진나라 '반냥'전을 보냈는데, 오로지 소하 혼자만 5개를 보냈다.

한(漢) 고조(高祖) 5년(기원전 202년)에 천하가 안정되자, 곧 이어 논공행상(論功行賞)이 벌어졌다. 하지만 많은 장수들이 서로 공을 다툰 지 1년여가 지나도록 아직 어떻게 관직을 봉할지 결정하지 못했다. 한 고조 유방은 소하의 공로가 가장 크다고 생각하여, 그에게 가장 높은 관직을 봉했다. 그러자 다른 무장(武將)들은 모두 승복하지 않고 말하기를, "소하는 문관(文官)으로, 고작 붓대나 놀릴 줄 알았을 뿐 전투에도 나가지 않았는데, 어째서 거꾸로 벼슬은 가장 크단 말입니까?"라고 했다. 이에 대해 유방은 말하기를, "그대들은 사냥을 아시오? 사냥개를 아시오? 사냥에서 짐승을 뒤쫓는 것은 개이고, 지시를 내리는 것은 사람이오. 지금 그대들은 각자 적과 싸워 이길 수 있어, 짐승을 잡을 수 있으니, 단지 '공구(功狗 : 충실한 사냥개)'일 뿐이지만, 소하는 지시를 내린 '공인(功人 : 공로자)'이오." 무장들은 유방이 이렇게 소하를 비호하고 있다는 것을 알게 되자, 더 이상 다툴 수조차 없었다. 후에 어떤 사람은 농담으로 말하기를, 유방이 소하를 최고 관직에 봉한 것은, 소하가 당초 유방에게 동전 2개를 더 보냈기 때문이었다고 했다. 이런 농담이 사실이든 아니든 관계없지만, 이 이야기에서 진나라 반냥 같은 화폐는 '매우 가치 있는[最値錢]' '돈'이었다는 것을 알 수 있다. 실제로 진나라 '반냥'은 중국 화폐의 이정표이자, 중국 고대 화폐의 초보적인 발전의 상징이다.

어렵게 태어나 오래 사용된 오수전(五銖錢)

210년, 진시황은 동쪽 지방을 순시하고 돌아오다가 평원진(平原津)[16]에 이르러 병이 났는데, 사구[沙丘 : 오늘날의 하북 광종(廣宗) 서북쪽]에 이르러서도 낫지 않아 사망했다. 대신(大臣)인 조고(趙高)가 진시황의 어린 아들인 호해(胡亥) 및 승상인 소하와 결탁하여, 진시황의 유조(遺詔 : 임금이 죽기 전에 남긴 유서)를 위조하여 호해를 태자로 옹립했는데, 그가 곧 진이세(秦二世)이다. 진시황이 사망하고 얼마 지나지 않아 천하가 크게 혼란해지기 시작했으며, 전쟁이 해마다 끊이지 않아, 사회적 생산력은 큰 타격을 받았다. 당시 매우 세력이 강했던 초(楚)·한(漢) 두 지역의 군사력은 서로 다투고 서로 대치하기를 5년이나 지속하면서, 72차례의 크고 작은 전쟁을 벌였다. 그리고 마침내 한나라의 초대 황제인 고조(高祖) 유방(劉邦)이 군웅(群雄)을 평정하고, 기원전 206년에 천하를 쟁취하여, 한나라를 건립한 뒤 황제가 되었다. 한나라 초기를 역사에서 '서한(西漢)'이라고 부른다. 서한은 '전한(前漢)'이라고도 부르는데, 기원전 202년에 유방이 스스로 황제라고 선포한 때부터 초시(初始) 원년(서기 8년)에 왕망(王

---

16 평원진(平原津) : 산동 서북부에 있는 평원현(平原縣)의 현청 소재지에서 서남쪽으로 약 15킬로미터 떨어져 있는데, 옛날에는 황하에 있는 중요한 나루터 중 하나였다. 기원전 203년에는 여기에서 한신(韓信)이 제(齊)나라를 급습하여 결정적인 타격을 입히기도 했다.

莽)에 의해 한나라가 중단될 때까지, 모두 12대의 황제를 거쳤다.

서한 초기에는 여전히 진(秦)나라의 화폐제도를 계속 이어받아, 황금과 동전이 함께 사용되었다. 비록 동전은 해마다 이어지는 전쟁과 이로 인한 생산력 저하로 계속 무게가 줄어들기는 했지만, 여전히 '반냥(半兩)'이라고 불렸다.

서한의 개국황제인 유방은, 진나라 이세(二世)가 나라를 망해 먹은 일에서 교훈을 얻어, 부역과 세

▲ 한(漢) 고조(高祖)

금을 줄여 주고, 형벌을 완화하는 등 "백성들에게 휴식을 주는[與民休息]" 정책을 취하여 한(漢) 왕조의 통치를 굳건하게 했다. 경제적으로는 생산력을 회복하는 일련의 조치를 취하여, 제도를 확립하고, 상인을 억압했으며, 토지를 개간하고, 인구를 증가시켰다.

서한 초기부터 '문경지치(文景之治)[17]에 이르는 60여 년 동안, 사회 경제는 회복되었고 또 계속 발전하여, 번영하고 풍요로우며 국고(國庫)가 충만한 상황이 나타났다. 농업 분야에서는, 철제 농기구가 이미 중원(中原) 이외의 매우 많은 지역들에까지 널리 보급되었으며, 마경(馬耕 : 말을 이용하여 논밭을 갈고 짐을 나르는 농사법)과 우경(牛耕 : 소를 이용하는 농사법)이 함께 행

---

17 문경지치(文景之治) : 서한의 제5대 황제인 문제(文帝)와 제6대 황제인 경제(景帝) 시기의 태평성대를 일컫는 말이다.

▶ 오수전(五銖錢)의 동제
(銅製) 주형 (서한)

해졌지만, 우경이
주를 이루었다. 농
민들은 이미 "땅을
깊이 갈고 촘촘하게 파
종하며, 싹이 자라면 솎아 주
는[深耕槪種, 立苗欲疏]" 경험을 했고,
농촌의 소형 수공업과 가내수공업은 이
미 전국에 고루 보급되었는데, 규모가 큰 것으
로는 자염업(煮鹽業 : 바닷물을 가마에 끓여 소금을 생산
하는 직업)·야철업(冶鐵業)이 있었고, 일부 지역의 민간 수공업은 이미 상당
히 번성했다. 수도를 중심으로 전국적인 범위의 상업망을 구축하여, 각지
의 물자가 대량으로 유통될 수 있었다.

동한(東漢) 때 철제 농기구의 종류는 서한과 기본적으로 같았고 약간
증가했으며, 주로 농기구의 형태가 크게 개량되었다. 예를 들면 철제 쟁
기의 날 각도를 줄이고, 날을 넓게 하여, 땅을 깊고 빨리 갈거나 흙을 뒤
엎어 덩어리를 분쇄하는 데 편리했으며, 또 전체가 철로 된 휘어진 자루
의 괭이와 낫 등 새로운 농기구들도 출현했다.

관부(官府)에서는 수리시설 공사를 중시했는데, 오랫동안 수리하지 않
은 황하와 변거(汴渠)[18]를 수리하여, 황하의 물길이 바뀌어 하류에 공급
됨으로써 재해의 상황이 개선되었다. 각지에 또한 약간의 수로를 파고
수리하여 복원함으로써, 농경지의 관개와 교통 운수에 매우 커다란 역

---

18 변거(汴渠) : 중국 고대에 황하와 회하(淮河)를 통하던 주축 운하로, 변하(汴河) 또
   는 통제거(通濟渠)라고도 부르며, 전체 길이는 650킬로미터 정도이다.

할을 하였다. 수력을 이용하여 생산을 했는데, 그 중 중요한 것은 물레
방아와 수배(水排 : 물의 힘으로 바람을 일으키는 풀무)이다. 물레방아는 식
량 가공 도구이고, 수배는 바람을 일으켜 강철을 제련하는 데 사용했
다. 동한 말년에는 또한 번차(翻車 : 논에 물을 대는 수차의 일종)와 갈오(渴
烏 : 물을 공급하는 도구)를 발명했는데, 둘 다 당시에 매우 선진적인 급수
도구였다.

　황제로서 유방은 비록 사람을 쓰는 데는 유능했지만, 화폐 정책에서
는 사려 깊지 못했다. 중앙 정부는 화폐 주조권까지도 민간에 이관하여,
개인이 마음대로 돈을 주조하자, 일반 백성들은 그 피해를 심각하게 받
았고, 이익을 얻는 것은 돈이 있는 포악하고 부유한 상인들이었다. 개인
이 돈을 주조함에 따라 필연적으로 동전의 무게와 품질이 일정하지 않
아, 혼란을 불러왔으며, 이익 추구에 사로잡혔으므로, 결국 일부 사람들
은 법을 어기면서 이익을 도모하는 데 몰두했다. 법을 어기는 사람들이
많아지면서 사회적 혼란이 조성되었으며, 통제하기 어려운 지경에 이르
자, 국가가 불안정해지는 요인을 초래했다. 화폐 주조의 방임은 경제 정
책에서 중대한 실수였다. 유방이 사망한 후, 황후인 여치(呂雉)가 권력을
장악했다. 여치가 친정(親政)한 후, 화폐의 가치가 너무 높아서 사용하는
데 불편한 점을 고려하여 돈의 가치를 떨어뜨렸지만, 이는 또 다시 화폐
제도에 손상을 가하였다. 그리하여 고후(高后 : 황후 여치의 명호) 2년(기원
전 186년)에 '팔수반냥(八銖半兩)'을 발행했다. 이러한 팔수짜리 '반냥'전은
당시의 '유협전(榆莢錢)'에 비해 무게가 5수(銖 : 38쪽 참조) 증가했으며, 한
나라의 '반냥'짜리 화폐들 가운데 가장 큰 것이 되었다.

　서한 후기에, 지주 계급의 상층, 즉 포악한 대지주들은 대부분이 장원

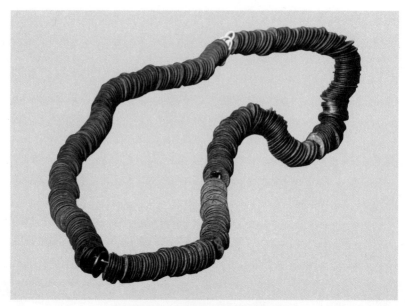

▲ 무제(武帝)가 발행한 오수전(五銖錢) (서한)

▲ 작은 반냥짜리 동전 (서한)

(莊園) 형식으로 농민들을 착취하고 억압하면서, 대대로 한 지역에서 군림했는데, 이들을 세족(世族)과 호족(豪族)이라고 부른다. 동한 때, 그들은 다시 신흥 귀족이 되어 미친 듯이 토지를 점유하고, 노비를 모으고 양성했다. 그리하여 그 장원은 대량의 토지를 점유했고, 장원 내의 농민은 실제로는 농노였으며, 장원의 생산은 지주의 생활 수요를 만족시키는 것을 위주로 하는 하나의 자급자족적인 경제 단위였다. 각종 세력들이 뒤엉켜 투쟁을 벌이면서 사회가 혼란해지고 요동쳤으므로, 당시 화폐 유통에 평가절하가 나타났다. 이것은 중국 역사에서 첫 번째 화폐 가치 하락 현상이었다.

돈의 대명사

등통(鄧通)

중국 화폐의 역사에서 가장 유명한 '등통'에 얽힌 사연은 바로 서한(西漢)의 문제(文帝) 연간(기원전 202~기원전 157년)에 발생했다. 당시 동산(銅山)으로부터 동북쪽으로 3리(里 : 1里는 500미터 정도) 떨어진 등장포촌(鄧莊鋪村)에 등통이라는 사람이 살고 있었다. 그의 아버지인 등현(鄧賢)은 한 고조 유방이 나라를 세운 초기에 살았는데, 진(秦)나라 말기의 전란을 비켜나 있었으므로 집안 살림이 비교적 유복했을 뿐만 아니라, 수년 동안 책도 읽었다. 등현은 연달아 세 명의 딸을 낳은 후에, 아내가 마침내 아들을 한 명 낳았으니, 그가 바로 등통이며, 자연히 그는 애지중지 여겨졌다. 그 해에 등장포촌에는 도로가 개통되자, 반평생을 살아 온 등현은 말을 타고 편지를 배달하는 역리(驛吏)들이 평탄한 도로를 따라

秦馀久蹈玄黙化成

懍强弭叛國富刑清

▲ 한 문제(文帝)

내달리는 것을 보았다. 그리하여 그는 아들을 '通(통)'이라고 이름을 지어 불렀다. 어린 등통은 경서를 읽고 글을 익힌 다음, 더욱 많은 시간을 물이 깊고 풀이 무성한 강물에 들어가 장난치고 물고기를 잡고 새우도 잡으며 보냈다. 열두세 살이 되자, 등통의 공부는 발전할 기미가 없었지만 수영하고 배를 다루는 솜씨는 매우 뛰어나게 되었다.

서한 초기에, 지식인의 벼슬길은 자신이 사는 군(郡 : 당시는 '군현제'가 시행되고 있었는데, 이 때 지방의 광역 행정 단위)에서 말단 관리가 되는 것이 아니라, 집안의 재산에 의지하여 중앙 도성(都城)에서 큰 벼슬을 꾀하는 것이었다. 등현은 등 씨 집안에서 조상을 빛내고 가문을 빛내는 길을 찾아 주기 위해, 많은 돈을 들여 아들을 도성으로 보냈다. 젊고 건장한 등통은 성정이 성실하고 근면하며, 배를 설계하는 데 뛰어났으므로, 얼마 지나지 않아 곧 황궁 안에 소집되어 항해를 관장하는 선두(船頭 : 배에서 화물 운송을 감독하는 우두머리, 즉 선장)가 되었다. 선두는 선원들을 인솔하여 항해했는데, 머리에 노란색 두건을 착용했으므로, 사람들은 그를 '황두랑(黃頭郞)'이라고 불렀다.

황제인 한 문제 유항(劉恒)은 귀신을 매우 신봉하여, 장생불로(長生不老)할 방법을 연구하기를 좋아했으며, 또한 항상 천당에 오르기를 꿈꾸었다. 한번은 그가 또 꿈을 꾸었는데, 하늘에 오르려고 했지만 어떻게 해도 도무지 올라갈 수 없었다. 이 때 황두랑 한 명이 뒤에서 그를 밀고 올라가기에, 그가 고개를 돌려 바라보니, 황두랑은 허리를 묶은 짧은 홑 저고리를 입었고, 옷고름은 등 뒤에 묶여 있었다. 꿈에서 깬 다음 그는 황궁의 서쪽에 있는 호숫가로 갔는데, 별안간 등통이 머리에 노란 두건을 쓰고 있었고, 옷고름은 뒤쪽으로부터 꿰어 묶고 있는 것을 보았다. 이는 바로 꿈속에서 본 황두랑의 모습이어서, 곧 급히 불러다가 성명을 물어보았다. 그는 이 사람의 성은 '鄧(등)'이고 이름은 '通(통)'(중국어의 '登通'과 발음이 비슷하다)('登通'은 '올라 통하다' 혹은 '오르는 데 능통하다'라고 해석할 수 있다—옮긴이)이라는 말을 듣고는, 매우 기뻐했다. 이 때부터 문제는 하루가 다르게 등통을 총애했다.

등통이라는 사람은 본래 성격이 매우 온화하고 신중했으며, 또한 떠벌리며 드러내는 것을 좋아하지 않았고, 교제도 잘 하지 못하여, 황제가 여러 차례 그에게 휴가를 주었지만, 그는 여전히 황궁 밖에 나가서 쉬지 않았다. 그러자 황제는 열 번이 넘게 그에게 돈과 비단을 하사했는데, 이것을 합치면 억만(億萬) 전(錢)이 넘었다고 한다. 황제는 등통에게 돈을 주었을 뿐 아니라 벼슬도 주었는데, 벼슬이 작위 중 가장 높은 상대부(上大夫)에 이르렀다. 어느 날 황제는 관상을 잘 보는 사람으로 하여금 등통을 위해 관상을 보게 했다. 관상쟁이는 말하기를, "등통의 운명이 좋지 않아, 장래에 곤궁하여 굶어죽을 것입니다"라고 했다. 그러자 황제가 묻기를, "등통을 부유해지게 할 수 있는 것은 나에게 달려 있는데, 어찌 그가 곤궁해질 것이라고 하는가?"라고 물었다. 그리하여 등통의 고향 부근에 있는 동산(銅山)을 모두 그에게 하사하고, 또한 그에게

▲ 등통이 만든 반냥전(半兩錢)

돈을 주조할 수 있도록 허가했다.

등통이 황제에게 하사받은 동산을 이용해 돈을 주조한다는 소식이 고향에 전해진 후에, 친척과 친구 및 동네 사람들이 바삐 돌아다니면서 이 소식을 전했다. 나이가 이미 고희(古稀 : 70세)인 등현은 황제의 은덕에 매우 감격했으므로, 몇 명의 딸과 사위들을 데리고 가서 인부를 고용하여 동산 일대에서 구리를 채취하고, 숯으로 불을 피워 돈을 주조했다. 또한 등통이 당부한 사항을 엄격하게 준수하여, 하나하나의 동전을 모두 정교하고 섬세하게 만들었을 뿐 아니라, 여태껏 해왔듯이 동전을 주조할 때 납과 철을 섞어 넣는 교묘한 수법으로 이익을 취하지도 않았다. 이렇게 제작해 낸 등통전(鄧通錢)은 광택이 좋고 용량이 충분하며, 두께가 일정하고, 품질이 순수했다. 등통전은 품질이 우량하다는 것이 널리 알려지자, 위로는 왕공(王公)과 대신(大臣)들로부터, 중간의 부유하고 거대한 상인에 이르기까지, 그리고 아래로는 행상과 심부름꾼에 이르기까지, 사람들 모두가 등통전을 즐겨 사용했다. 그리하여 후에 '등통'은 곧 화폐의 대명사가 되었다.

문제가 세상을 떠난 후, 경제(景帝)가 즉위하자, 등통은 면직되었다. 얼마 지나지 않아 어떤 사람에 의해 사사로이 국가의 허락 없이 돈을 주조했다고 고발당하여, 가산을 모두 국가 재산으로 몰수당하자, 등통은

할 수 없이 남의 집에 빌붙어 살았으며, 이후 가난에 시달리다가 세상을 떠났다.

한 경제 유계(劉啓)는 중원(中元) 6년(기원전 144년)에 민간이 불법으로 화폐를 제조하는 것을 금지하고, 단지 군국(郡國)들만 화폐를 주조할 수 있도록 허용했다. 군국은 중앙에 직속된 행정단위로, 중앙에서 위임하여 파

▲ 구리로 만든 모범(母範 : 주형의 원본) (서한)

견한 관리가 관할했다. 이렇게 하여 서한 정부는 비로소 화폐 주조권을 통제했다.

종래의 화폐제도의 혼란과 화폐 주조의 통제 실패 및 국가가 정치적으로 초래한 오초(吳楚) 반란의 엄중한 후과로 인해, 한 무제(武帝 : 기원전 140~기원전 88년)의 통치 기간 전후에 이르기까지 여섯 번의 화폐제도 개혁을 단행하여, 마침내 한나라 초기 이래 줄곧 해결할 수 없었던 화폐 문제를 기본적으로 해결하였다. 이 개혁의 요점은 "삼수전(三銖錢)을 폐지하고, 새로 오수전(五銖錢)을 주조한" 것이었다. 오수전의 형태는 확실한 규정이 있었고, 무게가 적당했으며, 당시의 사회 경제 발전 상황과 가격 수준이 요구하는 화폐에 적합했으므로, 서한·동한·촉(蜀)·위(魏)·진(晉)·남제(南齊)·양(梁)·진(陳)·북위(北魏)·수(隋) 등과 같은 조대(朝代)들이 모두 주조하여 사용했으므로, 739년이나 유지되었다. 이는

중국 역사상 주조한 수량이 가장 많고, 사용하여 유통된 시간도 가장 긴 화폐이다.

1980년에, 섬서성 함양시(咸陽市)의 들판 밑에서 금으로 만든 오수전 한 개가 발견되었는데, 돈의 직경은 2.6센티미터, 두께는 0.2밀리미터, 무게는 9그램이다. 또 앞면과 뒷면에 모두 테두리가 있는데, 앞면의 바깥 테두리는 뒷면에 비해 약간 넓고, 구멍은 네모반듯하며, 위에는 가로 방향으로 글씨를 썼다. '五銖'라는 두 글자는 소전(小篆 : 37쪽 각주 13 참조)으로 양각(陽刻)하여 깔끔하게 새겼는데, '五'자는 교차하는 부분이 구불구불하고, 위아래의 가로획이 비교적 길다. '銖'자에서 '朱'자는 윗머리가 반듯하게 잘려져 있고, '金'자의 머리는 삼각형인데, 상당히 정교하고 아름답게 제작되었으며, 색깔과 광택은 황금색으로, 매우 보기 드문 진품(珍品)이다. 차이나 가디언 옥션은 2004년에 한 개의 '오수(五銖)'전을 인민폐 7480원의 가격에 낙찰했다.

동취(銅臭)와 아도물(阿堵物)

역사서의 기록에 따르면, 동한 초기에 광무제(光武帝)가 해마다 군대를 동원하자, 시장에서 식량 가격이 1석[石, 즉 담(擔)][19]에 1만 전(錢)까지 올랐으며, 심지어 "황금 1근으로 콩 5승(升 : 우리말로는 '되'이며, 10줌 정도의 분량을 가리킨다)을 바꾸었다"고 하여, 듣는 사람으로 하여금 깜짝 놀라게 하는 상황이 출현하기도 했다. 당시 악부(樂府)라고 불리는 시(詩)

---

19 석(石) : '담(擔)'이라고도 하며, 우리말로는 '섬'이라고 하는데, 100근(斤)을 가리킨다. 『한서(漢書)』「율력지(律曆志)」에는 "16냥(兩)이 1근(斤)이다[十六兩爲一斤]"라고 했다. 1근은 오늘날의 대략 600그램 정도이다.

형식이 있었는데, 이는 일부 민
간 가요를 수집한 것이다. 예컨
대 「전성남(戰城南)」이라는 작
품에서는 이렇게 묘사하고 있
다. "성의 남쪽에서 싸우다, 성
곽 북쪽에서 죽으니, 들에서
죽어 묻히지 못하여 까마귀가
먹는구나[戰城南, 死郭北, 野死
不葬烏可食]." 「비가(悲歌)」라는
작품에서는 이렇게 읊고 있다.

▲ 사출오수(四出五銖) (동한)

"집에 돌아가려 해도 기다려 주는 사람이 없고, 강을 건너려 해도 배가
없구나. 생각하는 것은 말할 수 없고, 창자 속에서는 수레바퀴가 굴러가
네[欲歸家無人, 欲渡河無船, 心思不能言, 腸中車輪轉]." 이를 통해 당시 해마
다 이어지는 전란으로 인해 화폐의 가치가 하락하여, 백성들의 생활은
가는 곳마다 도탄에 빠져 있었다는 것을 알 수 있다.

이 시기에는, 동한 영제(靈帝) 유굉(劉宏)이 중평(中平) 3년(186년)에 주조
한 사출오수(四出五銖)를 제외하고, 건무(建武) 원년(25년) 이후에는 화폐
를 주조했다는 것에 관한 기록이 없다. '사출오수'라는 이 화폐는 '사출
(四出)'·'사도(四道)' 혹은 '각전(角錢)'이라고도 불리는데, 이는 그 동전 뒤
쪽의 네모난 구멍의 네 모서리에 네 개의 사선(斜線)이 바깥쪽의 원을 향
해 뻗쳐 있어, 바깥 가장자리와 서로 이어져 있기 때문이다. '사출오수'
는 당시 민중들에 의해 이렇게 저주받았다고 한다. "수도는 파괴되고,
황제는 궁궐에서 쫓겨나며, 사도(四道)는 사라지리라[京師將破, 天子下堂,

▲ 오수전의 동제(銅製) 모범(母範) (동한)

四道而去]." 이는 백성들의 분노한 정서를 반영해 낸 것이다.

당시 황제는 재물을 그러모아 사욕을 채우기 위해 공개적으로 매관(賣官)을 일삼았다. 각 관직들의 가격은 모두 숫자로 표시되어 있어, 돈이 있으면 관리가 될 수 있었으며, 한 번에 완불할 수 없는 사람은 외상으로 할 수도 있었는데, 관직을 사서 임관한 다음에 두 배의 돈을 지불하였다. 당시 최열(崔烈)이라는 사람은 500만 전을 주고 사도(司徒) 관직을 샀다. 당시 대위(大尉)·사도·사공(司空)을 일컬어 삼공(三公)이라 했는데, 모두 군사와 정치의 대권을 장악한 최고 관직이었다. 이것들은 원래 1000만 전을 주어야 살 수 있는 관직이었는데, 최열은 단지 500만 전만주었다. 나머지 500만 전은 최열이 부임한 다음에 다시 이어서 지불했다. 그는 부임한 후, 백성들을 위압하고, 뇌물을 탐내어 법을 어겼으며,

교묘한 수단이나 힘을 이용하여 재물을 빼앗으면서 필사적으로 부정하게 돈을 모았다. 어느 날, 그는 자신의 아들에게 이렇게 물었다. "내가 삼공의 지위에 있는데, 세상에서는 어떻게 평하고 있느냐?" 그러자 그의 아들이 대답했다. "사람들은 그 동취(銅臭 : 동전 냄새)를 싫어합니다." 이 말의 의미는, 사람들이 모두 당신의 이름을 언급하기 싫어하여, 어떤 사람이 한 번 언급하기만 해도 모두가 동취 냄새가 난다고 싫어했을 정도라는 것이다. '동취'라는 말은 후에 이처럼 돈으로 매관하거나 돈만 보면 욕심을 내거나 이익에만 관심이 있고 다른 것에는 무관심하여, 부정한 재물을 챙기는 사람을 풍자하는 말로 전용되었다.

또 한 가지 고사가 있는데, 이것이 말하는 것은 돈의 또 한 가지 대명사인 '아도물(阿賭物)'이다. '아도(阿賭)'는 원래 옛날에 상용어(常用語)였는데, 현대 중국어의 '이것[这个]'에 해당한다. 『진서(晉書)』에는 다음과 같은 내용의 고사 한 토막이 기록되어 있다.

즉 왕연(王衍)이라는 사람이 있었는데, 한결같이 청렴하고 고상함을 표방했기 때문에 지금까지 '돈'이라는 말을 한 적이 없었다. 그의 아내인 곽 씨는 그에게 농담을 하면서, 여러 차례에 걸쳐 그가 '돈'이라는 말을 하게 하려고 시도해 보았지만 모두 실패하고 말았다. 그러던 어느 날 밤, 곽 씨는 왕연이 깊이 잠든 틈을 타, 하녀를 불러서 몰래 한 꾸러미의 동전으로 그의 침대를 둘러치고 땅바닥에도 쌓아 놓아, 왕연이 잠에서 깬 다음 침대에서 내려와 걸을 수 없도록 해놓았다. 그의 아내는 이렇게 하면 반드시 그가 '돈'이라는 말을 하게 될 것이라고 생각했다. 그런데 뜻밖에도 다음날 아침에 왕연이 잠에서 깨어나 이 광경을 보고는, 하녀를 불러 침대 앞에 있는 돈을 가리키며 말하기를, "아도물(阿賭物)을 들고 가거라('이 물건 가져가거라'라는 뜻−옮긴이)."라고 했다. '아도물'의 본래 의미는 바로 '이 물건'이다. 왕연의 이 고사로 인해, '아도물'은 이 때부터 곧 '돈'의 다른 이름이 되었는데, 당연히 경멸의 의미를 담고 있다.

상청동자(上淸童子)

당대(唐代)에는 '상청동자'라는 전설이 있다. '상청동자'는 '등통'·'아도물'과 마찬가지로 역시 화폐의 별칭이다. 당(唐) 태종(太宗) 정관(貞觀) 연간(627~649년)에 중서사인[中書舍人 : 재상(宰相)]을 역임한 잠문본(岑文本)이라는 사람이 있었는데, 항상 산속에 들어가서 더위를 피했다고 전해진다. 한 번은 그가 또 산속에서 피서를 하다가 낮잠에서 깨어났는데, 어떤 사람이 문을 두드리는 소리가 들려 문을 열어 보니, 원래 이름이 상청동자라는 사람이 특별히 만나려고 와 있었다.

잠문본은 평소에 조예가 높고 깊은 도사(道士)를 흠모했는데, 도사가 방문한 것을 보자 매우 기뻐하면서, 즉시 도사를 집안으로 들어오도록 청했다. 얼핏 보니 이 젊은 도사는 나이가 20세를 넘지 않았는데, 용모가 맑고 빼어나며, 재능이 뛰어나고 풍채가 비범해 보였다. 또 위에서부터 아래까지 온몸에 푸른색 옷을 입었고, 머리에는 푸른색 원각관(圓角冠 : 모서리 부분이 둥그스름한 관)을 썼으며, 몸에는 푸른색 둥근 숄을 걸쳤고, 발에는 대가리가 둥근 신발을 신었으며, 의복은 가볍게 흩날리고 있었다. 도사는 자기 자신을 이렇게 소개했다. "저는 상청동자이며, 한(漢)나라에서 정과(正果)[20]를 이루었습니다. 본래 저는 오(吳)나라에서 출

---

20 정과(正果) : 도교(道敎)와 불교(佛敎) 용어로, 수행을 하여 도를 깨우친 상태를 가리킨다.

생했는데, 후에 유통(流通)의 도를
터득하자, 오나라 왕에 의해 대한(大
漢 : 한나라에 대한 존칭) 황제에게 바
쳐졌습니다. 한나라 황제께서는 어
려운 일이 있거나 일이 잘 풀리지 않
을 때는 모두 저에게 물었습니다. 저
는 언제나 세상의 다른 네모나고 둥
근 사물들과 더불어 천하를 두루
퍼져 다녔는데, 이르는 곳마다 막힘
이 없었습니다. 이 때문에 한(漢) 문
제(文帝)·무제(武帝)부터 애제(哀帝)에

▲ 당(唐) 태종(太宗)

이르기까지 총애를 받았습니다. 아쉽게도 왕망(王莽)이 난을 일으켜서
저는 밖으로 유랑하고 있습니다. 하지만 저는 어디를 가든지 여전히 사
람들의 사랑을 받고 있는데, 당신이 도술을 좋아한다는 것을 알고, 특별
히 찾아뵈었습니다."

잠문본은 그에게 한(漢)·위(魏)와 육조(六朝) 각 나라들의 군왕들에
대해 물었는데, 그는 모르는 것이 없었다. 또 그의 모자·의복·신발은
어째서 모두 원형 모양인지 묻자, 동자는 다음과 같이 대답했다. "도(道)
는 네모와 원 속에 있습니다. 나는 비록 원형 의복을 입었지만, 속마음
은 네모반듯한데, 이것은 세상의 규범 양식에 유익합니다."

잠문본이 다시 물었다. "그대의 의복이 저렇게 가볍게 펄럭이는데, 어
디에서 만든 것인가?" 동자가 대답하기를, "이것은 상청선경(上淸仙境)[21]

---

21 상청선경(上淸仙境) : 도가(道家)에서는 하늘을 삼천(三天)으로 구분한다. 즉 옥청

의 오수복(五銖服)²²입니다"라고 했다. 그러자 잠문본이 또 물었다. "내가 듣기로는 신선들이 육수복(六銖服)을 갖고 있다고 하던데?" 동자가 대답했다. "육수복보다 더 가볍고 가는 것을 오수복이라고 부릅니다." 이야기를 나누는 사이에 날이 저물자, 동자는 작별을 고했는데, 막 문을 나서자마자 갑자기 도사는 자취를 감추었다. 잠문본은 그가 결코 평범한 사람이 아니라는 것을 알았다.

이후, 동자는 여전히 자주 와서 이런저런 이야기를 나누었다. 한 번은 동자가 자리에서 일어나 작별인사를 하자, 그는 곧 사람을 시켜 몰래 그를 미행하도록 했다. 문득 보니 동자가 대문을 나선 다음 동쪽으로 몇 걸음 가서, 담장 모퉁이 아래에 도달하더니 보이지 않았다. 잠문본이 사람을 시켜 땅을 3척(尺)가량 파 보니, 옛 무덤 하나가 있어, 묘실(墓室 : 무덤에서 관을 놓는 방)을 열어 보았는데, 속에는 아무 것도 없고, 단지 옛날 동전 한 개만 있었다. 그리하여 잠문본은, 상청동자는 원래는 청동전(靑銅錢)이었으며, 바깥은 둥글고 안은 네모난 것은 돈의 형상이고, 푸른색 옷은 구리로 만든 옷이며, 오수복은 바로 오수전(五銖錢)이었다는 것을 알게 되었다. 이 때부터 잠문본의 재산은 나날이 늘어 갔고, 그는 계속해서 10년간이나 재상(宰相)을 맡았다. 그러던 어느 날 갑자기 그는 이 옛날 동전을 없애 버렸는데, 며칠 안 되어 급병에 걸리더니, 순식간에 숨을 거두고 말았다. 이 때부터 '상청동자'는 바로 후세 사람들이 돈을 일컫는 다른 별칭이 되었다.

(玉淸)·태청(太淸)·상청(上淸)이 그것이다. '상청선경'이란 곧 '상청'의 신선 세계를 말한다.
22 오수복(五銖服) : '수(銖)'는 고대의 무게 단위로서, 오늘날의 0.65그램에 해당한다. 따라서 오수복은 대략 3.25그램 정도의 매우 가벼운 옷을 가리킨다.

백성들에게 매우 폐해가 컸던 망전(莽錢)

서한 원제(元帝) 때(기원전 48~기원전 33년), 황제에게는 왕망(王莽)이라는 친척이 한 명 있었다. 그는 그의 고모가 황제의 은총을 받았으므로 관직이 계속해서 승진했다. 서한 말년이 되어, 그는 마침내 조정의 대권을 장악했으며, 나아가 스스로 황제가 되어, 국호를 '신(新)'이라고 했다.

왕망이 정권을 잡았을 때, '탁고개제(托古改制)[23]라는 목적에서 화폐 제도를 개혁했는데, 이미 200여 년 전에 폐지했던 포폐(布幣)·도폐(刀幣) 제도를 부활하고, 형태와 구조를 변형하여 커다란 돈을 주조했으며, 착도(錯刀)·계도(契刀) 및 '대천오십(大泉五十)'을 주도하도록 명령했다.

왕망이 주조한 도폐와 포폐는 전국(戰國) 시기의 것과는 형태나 구조가 완전히 달랐다. 그는 도폐 위에 네모난 구멍이 뚫린 원전(圓錢 : 둥근 돈) 하나를 추가했고, 또한 명명백백하게 도폐의 명칭과 가치를 새겨 넣었는데, '契刀五百(계도오백)' '一刀平五千(일도평오천)' 등과 같은 것들이다. 도폐의 모양은 칼처럼 생겼고, 재질은 구리이다. '일도평오천'의 원전에는 황금으로 '一刀'라는 두 글자를 상감(賞鑑)해 넣었고, 도신(刀身 : 칼처럼 생긴 몸통 부분)에는 '平五千'이라는 세 글자를 주조해 넣었기 때문에, 또한 '금착도(金錯刀 : 금을 상감한 칼이라는 의미)라고도 부른다. 당시 황금 한 근(斤)의 가치는 1만 전(錢)이었음에 근거하여 계산하면, 두 개의 금착도로 한 근의 황금을 태환[兌換 : 화폐를 금·은 등의 정화(正貨 : 본위 화폐)로 교환하는 것]할 수 있었다. 하지만 이러한 태환은 일방적인 것이었으니, 즉 오직 왕망만이 금착도를 이용하여 다른 사람의 황금과 태환할 수 있

---

23 탁고개제(托古改制) : 옛것에 기초하여 제도를 개혁한다는 의미.

▲ '국보금궤직만(國寶金匱直萬)' (신)

었고, 다른 사람들은 단지 황금으로 금착도만을 태환할 수 있었을 뿐이다.

왕망은 이처럼 유통의 의미가 없는 고액 화폐를 발행했는데, 그 목적은 바로 민간인들이 가지고 있는 황금을 수탈하기 위해서였다. 금착도의 제작 기법은 정교하고 아름다워, 중국 고대 화폐 공예의 최고봉이라고 할 만하다. 실물을 관찰해 보면, 금착도에 있는 '一刀'라는 두 글자는 주조한 화폐의 몸체 위에 수공(手工)으로 바깥쪽은 좁고 안쪽은 넓은 연미순(燕尾榫)[24]을 새기고, 황금을 상감해 넣은 다음 다시 평평하게 갈아, 영구히 빠지지 않도록 보증할 수 있었는데(34쪽 그림의 아랫줄 왼쪽에서 두 번째 화폐-옮긴이), 그 기술 수준이 매우 뛰어나 사람들이 믿기 어려울 정도이다.

왕망 시건국(始建國) 2년(서기 10년)에는 '보화제(寶貨制)'를 시행했다. '보화제'의 내용은 오물(五物)·육명(六名)·이십팔품(二十八品)이다. 오물은 금(金)·은(銀)·동(銅)·구(龜 : 거북의 등딱지)·패(貝 : 조개껍데기) 등 다섯 가지 화폐 재료들을 가리킨다. 육명이란, 금화(金貨)·은화(銀貨)·구화(龜貨)·

---

24 연미순(燕尾榫) : 주로 가구나 관 등을 만들 때, 두 개의 판이 빠지지 않도록 연결하기 위해 하나는 제비꼬리[燕尾] 모양으로 안쪽을 넓고 바깥쪽을 좁게 음각하고, 다른 하나는 반대로 그와 똑같은 모양으로 양각한 다음, 서로 끼워 맞추는 장부[榫]를 가리킨다.

패화(貝貨)·천화(泉貨)·포화(布貨) 등 여
섯 가지 화폐 유형들을 가리킨다. 이십
팔품이란, 다른 재질·다른 형태·다른 단
위의 스물여덟 가지 등급의 화폐들을 가
리키는데, 이것들은 모두 법정 화폐였다.
이 때 실시한 화폐제도는 환산이 지나치
게 복잡하고, 또 매우 혼란스러워져서,
결국 민심에 대혼란을 야기하여, 상품
유통이 원활하지 못하자, 민간에서는 은
밀하게 여전히 오수전을 이용하여 교역
을 하였다.

▲ 왕망 시기의 화폐

왕망은 나라를 다스리는 데에는 서툴
렀으나, 재물을 착취하는 데에는 오히
려 매우 수완이 뛰어났다. 그는 한나라
의 제위를 찬탈했던 15년 동안, 네 번씩
이나 화폐제도를 개혁했다. 빈번한 제도 개혁은, 매번 작은 것으로 큰
것을 교체하고, 가벼운 것으로 무거운 것을 교체하자, 돈은 개혁할수
록 작아지고, 가격은 개혁할수록 높아지니, 보이지 않는 가운데 백성들
의 수중에 있는 재부를 모조리 수탈해 갔다. 왕망의 가렴주구는 그의
멸망을 가속화시켰다. 그러나 왕망이 주조하여 발행한 화폐는 매우 전
형적인 것으로, 지금까지 사람들에게 귀중하게 여겨졌기 때문에, 왕망
은 곧 "천하제일의 화폐 발행 명수[天下第一鑄錢好手]"라는 호칭을 갖게
되었다. 왕망전(王莽錢 : 왕망이 발행한 화폐들)은 송나라의 휘종전(徽宗錢)

및 금장전(金章錢)과 함께 중국 화폐사에서 '삼절(三絶)'로 불린다.

육천십포(六泉十布)

초시(初始) 원년(서기 8년)에 왕망이 한나라를 대체하여 황제라고 칭한 뒤, 화폐제도 개혁을 추진하면서 '대천오십(大泉五十)'전을 발행했다. 이는 곧 한 개의 '대천오십'은 50개의 오수전과 같게 사용한 것인데, 실제로 그것의 중량은 고작 12수(銖 : 38쪽 참조)에 지나지 않았다. '대천오십'은 신망(新莽 : 왕망이 세운 신나라를 달리 일컫는 명칭)의 화폐들 가운데 사용 기간이 가장 긴 것으로, 네 차례의 화폐제도 개혁을 거쳤는데, 신망 정권의 처음부터 끝날 때까지 사용되었으므로, 전해오는 수량이 많아, 신망 화폐의 '사조원로(四朝元老)'[25]라고 할 만하다.

신망 초기에 주조한 '대천오십'은 형상이나 문자가 모두 비교적 정교하고 아름다우며, 돈의 모양이 돈후(敦厚)하여 대전(大錢)에 어울리는 기백이 있다. 그리고 신망 말기에 발행한 '대천오십'은 더욱 아름다워 보이지만, 수량이 매우 적다. '대천오십'과 동시에 새로 '소천직일(小泉直一 : 34쪽 윗줄의 맨 오른쪽 화폐)'을 발행하여 기초 화폐로 삼았다. '소천직일'의 형태와 풍격은 모두 '대천오십'과 같고, 테두리가 두툼한데, 이는 역대 소전(小錢 : 가운데에 네모난 구멍이 뚫린 작은 동전)들 가운데 가장 잘 만들어진 것 중 하나이다. '대천오십'과 '소천직일'은 고작 1년도 채 사용되지 못했는데, 왕망은 본래보다 더욱 나쁘게 바꾸어, 다시 형상이 기괴하고

---

25 사조원로(四朝元老) : 원래의 의미는 '네 명의 임금을 섬긴 원로 대신'이라는 의미인데, 여기에서는 '오랫동안 사용된 화폐'를 비유적으로 표현하였다.

색채가 다양한 이른바 '오물(五物)·육명(六名)·이십팔품(二十八品)'의 보화제(寶貨制)를 반포하였다. 이처럼 사람들을 골치 아프고 헛갈리게 하는 화폐제도는 근본적으로 통용될 수 없었다. 비록 이와 같은 '보화제'는 사용된 지 얼마 되지 않아 곧 폐지되었기 때문에, 전해 오는 수량이 매우 적어, 오늘날 모두가 매우 진귀하게 여

▲ '대천오십'의 토제(土製) 주형 (신)

겨진다. 한 개의 보화제 동전이 오늘날의 가치로 1만 원(대략 우리 돈 180만 원–옮긴이)이니, 발견하더라도 구입할 수는 없다. 포화(布貨) 십품(十品)은 순차적으로 소포일백(小布一百)·요포이백(么布二百) 등인데, 모두 왕망시건국(始建國) 2년에 처음으로 주조되었다. '십포(十布)'도 매우 정밀하고 뛰어나게 만들어졌으며, 앞뒷면의 구멍 안쪽과 바깥쪽에는 모두 테두리가 있는데, 어떤 것은 비록 땅속에서 수천 수백 년이 지났는데도 거의 녹이 슬거나 부식되지 않아, 글자의 획이 또렷하고, 표면은 밝고 깨끗하며, 수은이 스며든 색이 가득하여, 고대 화폐들 가운데 뛰어난 작품이라고 할 만하다.

▲ 당대(唐代)의 화폐들

3. 오수(五銖)의 소멸과 통보(通寶)의 새로운 탄생

수(隋, 581~618년)의 건립은, 장기간 분열되어 할거하는 국면을 마무리했다. 수 문제(文帝) 양견(楊堅)은 등극한 초기에 화폐제도의 정돈에 착수했는데, 법령을 반포하여 이전 왕조에서 발행한 화폐의 사용을 중단시키고, 불법으로 돈을 만드는 행위를 금지했다. 약 5년에 걸친 노력을 통해, 개황(開皇) 5년(585년)에는 화폐제도를 통일하여, 전국적인 범위에서 수오수(隋五銖 : 수나라의 오수전)를 사용하게 되었다.

수냥전제(銖兩錢制)[26]의 종료

수나라는 37년간 존속했는데, 그 중 수 문제(文帝)가 23년을 재위했고, 수 양제(煬帝) 양광(楊廣)이 14년간 재위했다. 대업(大業) 원년(605년)을 경계로 하여, 수오수를 전·후 두 시기로 나눌 수 있다. 전기는 수 문제 개황 원년부터 인수(仁壽) 4년(604년)까지로, 새로운 화폐제도를 시행하기 위해 수 문제가 일련의 조치들을 취했다. 즉 수오수가 유통 영역에서 주도적 지위를 갖도록 보증함과 동시에 불법으로 주조하는 현상에 대해

---

26 수냥전제(銖兩錢制) : 1수(銖)를 1냥(兩)으로 삼았던 화폐제도를 가리킨다.

▲ 오수전(五銖錢) (수)

매서운 타격을 가했으며, 수오수의 주조 품질도 보증하였다.

수 문제는 개황 3년(583년) 4월에, 전국의 각 관새(關塞 : 국경의 각 요충 지들에 설치한 관문이나 요새)에 명령을 내려, 모두 100개의 수오수 모형 화폐를 출입구에 설치해 두고, 동전을 지니고 관문을 나가는 사람들에 대해 모두 대조하여 검사를 받도록 했다. 그리하여 표준에 합치하는 것은 통과시키되, 표준에 합치하지 않는 돈은 반드시 압수하여 폐기하고, 이전 왕조의 옛 화폐도 일률적으로 폐기하도록 했다. 이렇게 하자, 전국에 수오수를 보급하는 데 매우 효과가 있었다. 통일한 다음의 수나라 화폐는, 전문(錢文 : 동전에 새긴 문자)은 한대(漢代)의 오수를 계승했지만, 풍격

▲ 수 문제와 수 양제

은 전혀 달랐다. 수오수의 앞뒤 주변 테두리는 단정하게 마무리했으며, 문자는 깊고 높으며, 글자는 좁고 테두리는 넓다. 왼쪽의 구멍 가까운 곳에 하나의 수직 획을 두고, 나머지 세 면에는 테두리가 없도록 규정했으며, '銖'자에서 '金'자 대가리의 삼각형은 안쪽으로 비스듬하고, '朱'자의 대가리는 반듯하게 잘려 있다. 동색(銅色)은 깨끗하고 담백하며, 빛깔과 광택은 은백색이다. 화폐의 재료를 독특하게 배합하여 만들었는데, 연석(鉛錫 : 납과 주석)의 비율이 무려 30% 이상에 달했기 때문에, 이것을 백전(白錢)이라고 부른다.

개황 원년부터 개황 5년까지의 기간에, 주조한 화폐의 대부분은 정교하고 아름다우며 중후하여, 사람들은 이것을 '개황오수(開皇五銖)'라

▲ 수나라 오수 (수)

고 칭송하지만, 애석하게도 이 화폐는 전체 수오수 가운데 차지하는 비중이 매우 작다. 수 양제가 즉위한 이후에, 토목 공사를 크게 벌여 동도(東都)[27]를 건설하면서, 인부 200만 명을 동원했으며, 운하를 파면서 다시 인부 700만 명을 징집했고, 장성(長城)을 쌓으면서 장정(壯丁) 100여만 명을 추가로 동원했다. 각종 대규모 공사들을 동시에 벌였으므로, 거대한 금액을 지출하게 되자 순식간에 국고가 텅 비었다. 그리하여 수 양제는 도처에 용광로를 설치하고 돈을 찍어 냈다. 새로 주조한 오수는 돈의 테두리가 단정하지 않고, 전문도 흐릿하며, 바탕이 얇고 무게는 가벼웠다. 그래서 원래 1천 전(錢)에 해당하는 오수전의 무게는 두 근(斤 : 1근은 약 500그램)이었는데, 후에는 단지 한 근에 불과했다. 이와 동시에 여타 화폐들도 몰래 유통되어, 수 문제 시기에 발행한 '개황오수'의 유통량을 크게 감소시켰다. 수나라 말기에 오수의 혼란은 이미 오수전의 730여 년에 걸친 유통사에서 머지않아 마침표를 찍을 것임을 예시해 주었는데, 이는 남북조(南北朝)[28]의 정치 경제 발전에 따른 필연적인 결과였다. 한나라 이

---

[27] 동도(東都) : 원래 수나라의 수도는 장안(長安)이었는데, 이를 서도(西都)라 하고, 후에 동쪽으로 천도하여 낙양(洛陽)을 도읍을 삼았는데, 이를 동도라 한다.

[28] 남북조(南北朝) : 진(晉)나라와 수(隋)나라의 중간 시기에 해당하는데, 이 기간 동안 중국은 남과 북으로 분열되어 여러 왕조들이 흥망을 거듭했다. 남조(南朝)는, 한족(漢族)이 세운 왕조인 송(宋)부터 제(齊)·양(梁)·진(陳) 등 네 왕조가 교체하며 수립

래 사용되어 온 오수전은 이미 돈의 명칭에서부터 무게에 이르기까지 모든 면에서 심각한 변화가 있었는데, 네모난 구멍이 있는 동그란 돈의 기나긴 역사적 과정 속에서, 화폐의 운명을 바꿀 역사적 책임은 자연히 당(唐)나라의 몫으로 남겨졌다.

'보(寶)'자 화폐의 통용

수나라 말기에 각지에서 백성들이 끊임없이 봉기를 일으켰는데, 투쟁의 창끝은 곧바로 통치자를 향했다. 수나라의 고위 관료였던 당국공(唐國公) 이연(李淵)은 농민 봉기의 힘을 빌려 전국(全國)의 정권을 탈취했다. 이 정권이 바로 훗날의 당나라이며, 이연은 곧 당(唐) 고조(高祖)라고 불린다. 당(618~907년)은 중국 역사상 강성했던 봉건 왕조로, 경제가 착실하게 발전했는데, 그 중 전기(前期)에는 전에 없던 번성의 모습으로 충만했다.

당 고조 무덕(武德) 4년(621년)에는 오수전을 폐지할 것을 선포하고, 새로 '개원통보(開元通寶)'를 발행했다. 역사가 이 때까지 발전하자, 중량을 전문(錢文)으로 삼았던 수냥전제(銖兩錢制) 계통의 화폐는 종말을 고하고, 그 대신 등장한 것이 통보(通寶)·원보(元寶)·중보(重寶) 등 '寶(보)'자가 들어 있는 돈이며, 이것들이 시중에서 통용되었다. 이 변화는, 중국

되었다가, 589년에 수 문제에 의해 통일될 때까지를 가리킨다. 북조는 오호십육국(五胡十六國)을 통일한 북위(北魏)의 태무제(太武帝) 때부터 시작하여, 북위가 다시 동위(東魏)와 서위(西魏)로 분열되었다가, 동위는 북제(北齊)에게, 서위는 북주(北周)에게 멸망한다. 그리고 다시 북주가 북제를 멸망시켰으나, 얼마 후 왕의 외척인 양견(楊堅 : 수 문제)에 의해 중국 대륙이 통일될 때까지를 가리킨다.

▲ 개원통보(開元通寶) (당)

화폐가 진 시황이 화폐를 통일한 이후의 제2차 화폐 혁명으로, 화폐는 1천여 년에 걸치는 통보전(通寶錢)의 시기로 진입하였다.

당의 개국 황제인 이연이 처음의 수도인 장안(長安)에 들어갈 때, 민간에서 사용한 것은 수대(隋代)의 돈이었는데, 1곡(斛)[29]의 쌀을 사려면 8~9만 개의 동전이 필요했다. 새로운 화폐를 주조하여 널리 보급하고, '개원통보(開元通寶)'('開通元寶'라고 읽기도 하는데, 이는 안정되고 완벽한 생활과 신기원을 열었다는 의미에 근거하여 하는 말이며, '開元通寶'라고 읽는 것이 더 적합하다)라고 이름을 지었다. '통보'는 통용되는 화폐라는 의미이다. '개원통보'는 직경이 8푼[分]이고, 무게는 2수(銖 : 38쪽 참조)로, 10전을 합치면 1냥(兩)이고, 1000전의 무게는 6근(斤) 4냥이다. 당대(唐代)의 1근은 서한(西漢)의 1근에 비해 약간 무거웠으므로, '개원통보'는 서한의 '오수(五銖)'보다 약간 무겁다.

'개원통보'의 발행은 진(秦)의 '반냥'·한(漢)의 '오수' 동전과 마찬가지로, 중국 화폐사에서 획기적인 의의를 갖는 대사건이었다. 이 때부터 형법(衡法 : 무게를 재는 방법)에서 냥(兩) 이하에 더 이상 수(銖)를 계산 단위

---

29 곡(斛) : 중국의 고대 도량형기의 명칭이자, 용량의 단위이다. 원래 1곡은 10두(斗 : 말)였으나, 나중에는 5두로 바뀌었다. 참고로 10두가 1가마에 해당하므로, 1곡은 곧 1가마에 해당한다. 그리고 1두는 10되[升]이다.

로 사용하지 않았고[당나라 이전에는 '수'를 사용하여, 24수를 1냥으로 했는데, 이는 24진법이다], 새롭게 냥·전(錢)·푼[分]·리(厘)의 십진법을 사용했다. 그 중 1전은 3.73그램인데, 이는 '개원통보' 한 개의 무게를 가리켰으며, 10전의 '개원통보'는 1냥과 같았다. '개원통보'는 또한 그 크기와 무게가 적당하고 명칭과 형상이 적합하여, 중국 화폐제도에 깊은 영향을 미쳤다. 그것은 전체 당대에 걸쳐 주요 유통화폐였으며, 또한 당대 이후 천 년이 넘는 기간 동안 동전의 본보기가 되었다. 그리하여 명(明)·청(淸) 두 조대에는 모두 그 형태를 채용했고, 오대(五代)의 남당(南唐)도 '개원통보'를 주조한 적이 있다.

당나라의 '개원통보'는 금·은·동·납[鉛] 등 각종 화폐 재료들과 대·중·소의 각종 판형들이 100종을 넘었다. 당대에 주전로(鑄錢爐 : 화폐를 주조하는 가마)가 가장 많았을 때인 천보(天寶) 연간(742~756년)에는 49곳이었는데, 당시 매년 사용한 동(銅) 재료가 21,200근, 백랍(白蠟 : 주석과 납의 합금)이 31,700근, 주석[錫]이 500근에 달했다. 처음에 주조한 돈은 안팎의 테두리가 가지런하고, 뒷면은 평평하면서 밝고 깨끗하여, 사용 가치가 있을 뿐만 아니라, 비교적 높은 감상가치도 지니고 있다. 당대의 대시인인 두보(杜甫)는 시에서 읊기를, "주머니가 비면 부끄러울까 봐, 한 푼을 남겨 두고 본다네[囊空恐羞澁, 留得一錢看]"라고 했는데, 여기에서 말하는 것이 바로 '천원통보(天元通寶)'이다.

'건원중보(乾元重寶)'는 숙종(肅宗) 건원(乾元) 원년(758년)에 주조했는데, 이는 최초로 '중보(重寶)'라는 전문을 사용한 화폐이다. 건원전(乾元錢)의 판별(版別)[30]은 비교적 복잡하고, 크기는 서로 큰 차이가 있다.

---

30 판별(版別) : 화폐 표면의 차이를 가리키는데, 이 차이는 주조 과정에서 각종 모형

▲ 건원중보(乾元重寶)

  '건원중보' 화폐의 뒷면에는 구름과 참새를 새겼다. 고대에 구름과 참
새는 상서로움의 상징이었다. 구름은 상운(祥雲 : 상서로운 구름)이고, 참
새는 서작(瑞雀 : 상서로운 참새)이다. 화폐 위에 이 두 가지 상서로운 사물
을 주조해 놓는 것은, 대개 황제에게 중대한 경사스러운 일이 있었을 때
이다.

  역사에는 다음과 같은 한 토막의 고사가 있다. 즉 당 현종[玄宗 : 이융
기(李隆基)]은 반란군 장수인 안록산(安祿山)이 장안을 점령한 후에 사천
(四川)으로 도피했다. 태자 숙종[肅宗 : 이형(李亨)]이 영무(靈武)[31]에서 즉위
하여, 현종을 태상황(太上皇)으로 받들고, 연호를 지덕(至德)으로 바꾸었
으며, 끝내 버티면서 안록산에게 타격을 가했다. 지덕 2년 9월에 숙종이
장안을 회복하자, 12월에 현종은 먼저 함양(咸陽)으로 돌아갔으며, 나중

이 다르기 때문에 생겨나는 것이다.
31 영무(靈武) : 옛 명칭은 영주(靈州)이며, 영하회족자치구(寧夏回族自治區)의 직할 도
  시이다.

에 숙종이 모시고 장안으로 돌아갔다. 이들 두 황제가 궁정으로 돌아가는 장면에 대해, 역사 소설가 채동번(蔡東藩)이 지은 『당사연의(唐史演義)』에는 다음과 같이 매우 세밀하게 묘사되어 있다.

"이 해 12달 사이에 태상황 현종이 함양에 도착했다. 숙종은 천자(天子)가 타게 될 금근거(金根車)[32]와 속거(屬車 : 임금이 거둥할 때 옆에서 시종하는 수레) 36대를 빠짐없이 갖추고, 백관(百官)을 거느린 채, 곧장 망현궁(望賢宮)으로 가서 상황을 영접했다. 상황은 궁궐 안에 있는 남루(南樓)의 창문을 열고, 아래를 내려다보았다. 그러나 숙종이 제왕만이 입는 황색 도포를 벗고, 대신 3품 이상의 관리들이 입는 자주색 도포로 바꿔 입은 다음, 말에서 내린 후 빠르게 몇 걸음 앞으로 나아가더니, 아래층에서 무릎을 꿇고 머리를 조아리며 문안인사를 드렸다. 상황은 위층에서 내려와 그를 부축하면서 위로했으며, 부자는 서로를 마주보며 흐느꼈다. 상황은 숙종이 자색 도포를 입은 것을 보고, 곧 시종들에게 황색 도포를 가져오도록 하여, 친히 숙종의 몸에 입혀 주었다. 이어서 숙종이 상황에게 전각으로 올라 백관을 알현하도록 요청했다. 그런 다음 제왕의 음식을 관리하는 '상식(尙食)'[33]에게 명령하여, 음식을 만들어 황제를 대접하도록 했다. 숙종이 친히 시식한 다음에야, 공손하게 두 손으로

---

32 금근거(金根車) : 금으로 만든 수레라는 뜻으로, 임금이 타는 수레를 일컫는 말이다. 여기에는 한 토막의 에피소드가 전해지는데, 당나라의 유명한 시인이자 문장가였던 한유(韓愈)의 아들 창(昶)이 이것을 '금은거(金銀車)'로 잘못 읽었던 고사에서 유래하여, '글을 잘못 읽거나 잘못 쓴 일'을 비유하는 말로도 쓰인다. 또 임금이 세상을 떠나면 '금근거가 늦게 나온다'라고 표현하기도 한다.

33 상식(尙食) : 관직명이자 관청명으로, 황제에게 제공하는 음식을 관장하였으며, 진(秦)나라 때 처음 설치되었다. 우리나라의 고려와 조선 시대에도 같은 명칭의 관직이 있었다.

받쳐 올렸다. 이 날 밤, 숙종은 상황을 모시고 행궁(行宮)에서 잠자리에 들었다. 이튿날 이른 아침, 다시 친히 상황에게 천자의 수레를 타고 여정에 오르도록 청하여, 수도 장안(長安)으로 향했다. 숙종이 수레 위의 가죽 띠를 손에 잡고, 마부 대신 마차를 몰고 앞으로 나아갔다. 상황이 명령을 내려 금지시키자, 비로소 말을 갈아타고 안내하였다. 또한 감히 오로지 황제만이 사용하는 마차로(馬車路)인 치도(馳道)로 가지 않고도, 곧 장안에 도착하여 잠시 함원전(含元殿)³⁴에 머물고는, 곧 그 곳에서 관민(官民)을 위로했다. 얼마 지나지 않아 상황은 장락전(長樂殿)³⁵의 구묘(九廟)³⁶ 신주(神主)(이곳은 과거에 그가 양귀비와 7월 7일 밤에 몰래 만나 이야기를 나누었던 곳이다)를 참배하면서, 한창 때의 양귀비를 떠올리며 오랫동안 통곡했다. 후에 왕림하여 그가 간 곳과 정사를 처리한 곳이 바로 흥경궁(興慶宮)이며, 여기에서 거주했다. 상황이 국새—천자의 큰 도장—를 가져와 숙종에게 주자, 숙종은 흐느껴 울면서 보물을 받았다."

봉건 황제에 대해 말하자면, 피난했다가 원래 법령을 반포한 수도로 다시 돌아오는 것은 분명히 큰 경사였다. 그리하여 연호(年號)를 바꾸어

---

34 함원전(含元殿) : 함원전은 대명궁(大明宮)의 전조(前朝 : 궁전의 바깥채 건물들로, 정사를 다루는 곳) 중 가장 주된 건물로, 당나라 때에는 장안성(長安城)의 대표적인 건축물이었다. 용삭(龍朔) 3년(663년)에 건립되었으며, 희종(僖宗) 광계(光啓) 2년(886년)에 불탔다. 새해 첫날과 동짓날에, 황제는 대체로 여기에서 성대한 하례를 거행했다.

35 장락전(長樂殿) : 곧 장락궁(長樂宮)으로, 미앙궁(未央宮)·건장궁(建章宮)과 함께 한대(漢代)의 '삼궁(三宮)' 중 하나이다. 한 고조 이후에는 태후(太后)가 거주했다.

36 구묘(九廟) : 옛날에 제왕은 묘(廟 : 조상의 신주를 모시는 사당)를 세워 조상들에게 제사를 지냈으며, 태조묘(太祖廟) 외에 세 개의 소묘(昭廟)와 세 개의 목묘(穆廟)가 있어 모두 칠묘(七廟)였는데, 왕망이 조묘(祖廟)를 다섯, 친묘(親廟)를 넷으로 늘려 모두 구묘가 되었다. 이후 역대 왕조는 모두 이 제도를 따라 구묘가 되었다.

▲ 명황행촉도(明皇幸蜀圖)

건원(乾元) 원년으로 삼고, '건원중보(乾元重寶)'를 발행했다. '건원중보'를 주조할 때, 재주[梓州 : 오늘날의 사천(四川) 삼대(三臺)]감(監)과 익주[益州 : 오늘날의 사천 성도(成都)]감은 이러한 구름과 참새가 새겨진 돈을 주조함으로써, 상황이 성도에 왔던 것을 기념했다고 전해진다.

구름과 참새 도안이 있는 건원전(乾元錢)은, 구멍 아래에 그려져 있는 것은 많고, 구멍 위에 그려져 있는 것은 적으며, 구멍 오른쪽에 그려져 있는 것은 보이지 않는다. '득일원보(得壹元寶)'와 '순천원보(順天元寶)'는 두 종류의 당백대전(當百大錢 : 백 전에 해당하는 큰 돈)이다.

돈으로 불상을 주조하고, 불상을 녹여 돈을 만들다

불교는 동한 때 처음 중국에 전래된 이후부터, 삼국·양진(兩晉 : 서진과 동진)·남북조(南北朝 : 66쪽 참조)의 기나긴 역사적 세월에 걸쳐 전파되었고, 당나라 때에는 매우 흥성했다. 당시 불교가 번창하여, 사원이 즐비하고, 승려와 비구니가 갈수록 늘어났다. 사원은 대량의 토지를 보유했고, 사원에 공양하는 동제(銅製) 불상도 대단히 많았다. 『구당서(舊唐書)』「왕진전(王縉傳)」의 기록에 따르면, "오대산(五臺山)에는 금각사(金閣寺)가 있는데, 구리로 기와를 만들고, 그 위에 금을 도금하여, 산골짜기를 밝게 비추는데, 거액의 돈이 들었다[五臺山有金閣寺, 鑄銅爲瓦, 塗金於上, 照耀山谷, 計錢巨億]"고 한다. 단지 한 곳의 사원이 이렇게 엄청난 자금을 소모했으므로, 전국적으로 사원의 불상을 만드는 데 사용한 구리의 양은 곧 수십만 톤이 필요했다. 이렇게 많은 구리가 없다면 어떻게 해야 할까? 오로지 화폐를 녹인 다음 다시 불상을 만들 수밖에 없었다. 이렇게 돈을 녹여 불상을 만드는 방법을 택함으로써 한동안 사회적으로 화폐가 부족해지는 현상이 나타났다.

◀ 구리로 만든 불탑[銅浮屠] (당)

회창(會昌) 5년(845년)에, 당 무종(武宗)은 이러한 방법의 위해성(危害性)을 알아채고, 즉시 명령을 내려 불상을 폐기하도록 했다. 그는 전국에 조서를 내려 장안·낙양 등지에 남아 있는 소수의 불교 사원을 제외하고, 나머지 사원들을 예외 없이 헐도록 하고, 승려들을 환속(還俗)하도록 명령했다. 또한 사원의 토지 재산을 몰수하고, 승려와 비구니를 원적지(原籍地)로 돌려보냈으며, 사원 내에 있는 불상과 종경(鐘磬 : 종과 경쇠)·용구들을 모두 파괴하여, 구리로 만든 다음 돈을 만들었다.

당 무종이 불상을 녹여 돈을 만든 행동은 전국적으로 매우 큰 반향을 불러일으켰는데, 비록 불교 신자들의 반대에 부딪혔지만, 화폐 유통이 빨라져 사회적 재부(財富)를 증가시킴으로써, 사람들의 생활이 안정되었기 때문에, 수많은 백성들의 지지를 받았다.

'사안(四眼)'·'결각(缺角)'의 대제통보(大齊通寶)

당대(唐代) 중기에, 당 현종(玄宗) 개원(開元 : 713~741년) 말기부터 문종(文宗) 개성(開成) 연간(836~840년)까지, 즉 8세기 중엽부터 9세기 중엽까지, 당 왕조는 번성에서 쇠락으로 전환하는 단계였는데, 비록 이 기간에 몇 대의 황제들이 다시 몇 개의 연호전(年號錢)[37]을 발행하여 기강을 다시 바로잡으려고 시도했지만, 결과적으로 화폐제도는 더욱 혼란스러워졌다.

당나라 말기에, 황소(黃巢)가 기의하여 장안을 점령했지만, 기의군(起

---

37 연호전(年號錢) : 황제의 연호를 전문으로 새겨 주조한 화폐.

義軍)이 승리를 거둔 결실은 봉건 관료·지방 군벌과 토호들이 잽싸게 나누어 차지하자, 중국은 다시 분열과 혼란의 시기에 처했다. 당시 북방에서는 다섯 개의 소조정(小朝廷)[38]이 출현했는데, 역사에서는 이를 오대(五代)라 부르며, 남쪽에는 열 개의 소국(小國)들이 출현했는데, 이를 십국(十國)이라 부른다. 십국 가운데 남당(南唐)의 영토가 가장 광활하고, 물자도 가장 풍부했으며, 인구도 가장 많은 데다, 문명·문화도 가장 융성하여, 그 제도는 후세에도 큰 영향을 미쳤다.

남당의 창건자인 이변(李昪, 888~943년)은 서주(徐州) 사람으로, 남조(南朝) 이 씨의 후예인데, 전란이 일어났을 때 양행밀(楊行密)이 맡아 길렀고, 후에 자라서는 승상 서온(徐溫)의 양자가 되자, 이름을 서지호(徐知誥)로 바꿨다. 서온이 세상을 떠난 후에, 서지호는 곧바로 관리가 되었다. 천우(天祐) 12년(915년)에 제국공(齊國公)에 봉해졌고, 오(吳)나라 천조(天祚) 3년(937년) 10월에 서지호는 금릉[今陵 : 오늘날의 강소 남경(南京)]에서 황제를 칭하고, 개국 연호를 승원(升元)으로 정했으며, 국호를 대제(大齊)라고 했다. 3년 후에 이(李) 씨 성을 되찾고, 국호를 대당(大唐)으로 고쳤는데, 역사에서는 이를 '남당'이라고 부른다.

이승이 정권을 장악한 후, 농업 생산을 비교적 중시하여, 조서를 내리기를, 모든 백성들이 뽕나무를 심어 3년 내에 5천 그루에 달하는 자에게는 비단 50필을 하사할 것이고, 개간한 논밭이 80무(畝)[39]에 달하

---

38 소조정(小朝廷) : 봉건 사회에서 천하를 지배하는 맹주가 있는 상황에서 조정과 대립하여 건립한 통치기구를 통칭하는 말로서, 소조정의 통치자는 대부분 한쪽 구석에 할거하는 것에 만족했으며, 제도와 통치도 대부분 조정과 유사했다.
39 무(畝) : 중국에서 사용하는 토지 면적의 단위로, 1무는 60평방장(丈 : 1장은 3.33미터), 15무는 1헥타르이다.

는 자에게는 2만 전(錢)을 하사
할 것이며, 뽕나무밭과 농지는
모두 5년 동안 세금을 면제해 주
기로 했다. 이는 오대십국 가운
데 농업과 잠업을 장려한 유일
한 국가였다. 이 밖에도 그는 또
한 국내 정치를 개선하여, 이로
운 것을 일으키고 해로운 것을
없애면서 계속 낡은 법을 고쳐
나갔다. 그리하여 평민의 자녀를
매매하여 노비로 삼는 것을 금지

▲ 대제통보(大齊通寶)

했으며, 전조(田租 : 토지에 부과하는 조세)는 작황이 좋고 나쁨에 따라 조
세액을 다르게 정하도록 하고, 나라를 위해 죽은 사람은 그 가족이 무
휼전(撫恤錢)[40]을 3년 동안 받을 수 있게 했다. 남당은 또한 십국 가운데
돈을 가장 많이 찍어 낸 나라이기도 했는데, '대제통보(大齊通寶)'를 발
행했으며, 이변의 아들 이경(李璟)은 '보대원보(保大元寶)'를 발행했고, 중
흥(中興) 2년(959년)에는 10전에 해당하는 화폐[當十錢]인 '영통천화(永通
泉貨)'를 발행했다. 이 밖에도 또한 '개원통보(開元通寶)'·'당국통보(唐國通
寶)'·'대당통보(大唐通寶)' 등도 발행했다.

'대제통보'는 매우 보기 드문 화폐인데, 세상에 현존하는 것은 고작
두 개밖에 없다. 하나는 오른쪽 윗부분에 한쪽 귀퉁이가 없어서, 화폐

---

40 무휼전(撫恤錢) : 전쟁 등 공적인 요인으로 희생되었거나, 병이 난 사람들을 위해,
   그 가족들에게 일정한 액수를 지급해 주는 위로금을 말한다.

▲ 당국통보(唐國通寶)

관련자들은 이를 '결각대제(缺角大齊 : 모퉁이가 없는 대제통보라는 의미)'라고 부른다. 다른 하나는 화폐 위에 네 개의 작은 구멍들이 뚫려 있어, '사안대제(四眼大齊 : 네 개의 눈이 있는 대제통보라는 의미)'라고 불린다. '결각대제'는 청나라 때의 강남(江南) 명사였던 대희(戴熙)가 소장하고 있었는데, 매우 일찍이 어떤 사람이 높은 값에 구입하고 싶어 했지만, 대희는 차마 넘겨 주지 못했다. 그 후 어느 해에 태평군(太平軍 : 태평천국의 군대)이 항주(杭州)를 침공하자, 대희는 강물에 뛰어들어 자살했는데, 죽기 전에 대제통보 따위의 물건들을 땅속 깊이 묻어 버렸다. 훗날 사람들이 세상에 보기 드문 이 진품을 얻기 위해, 서로 다투어 대희의 집을 구매하여 여러 차례 땅을 파 보았지만, 끝내 찾지 못했다.

'사안대제'는 1920년대의 저명한 학자인 다이바오팅(戴保庭)이 강서(江西) 파양(鄱陽)에서 발견했고, 후에 어떤 수장가가 거금을 주고 구입하여 밀실에 보관했는데, 지금까지 다른 사람에게는 보여 주지 않고 있다.

'당국통보'는 이경이 교태(交泰) 원년(958년) 7월에 주조했다. 이경은 그의 아버지 이변이 기초를 닦아 놓은 영토를 물려받았지만, 통치는 서툴렀다. 당시 남당이 필요로 한 것은, 경험이 풍부하고 시기와 형세 판단에 능하며 군사적 재능을 갖춘 황제였지만, 그는 그렇지 못했다. 그는 민(閩)나라를 상대로 전쟁을 일으켰으며, 초(楚)나라도 토벌했지만, 모두 대책이 적절하지 못해 아무런 이득도 얻지 못하고, 오히려 백성들을 힘들게 하고 재산만 축나게 했으며, 국력도 점점 쇠약해져 갔다. 그런데 이때 북방의 후주(後周)는 시영(柴榮)[41]의 영도 하에 점점 강대해지고 있었다. 남당은 후주와 대결하는 동안, 싸울 때마다 번번이 패하자, 어쩔 수 없이 장강(長江) 이북의 영토를 포기하고, 영토를 떼어 내어 배상해 주면서, 후주에게 굴복했을 뿐 아니라, 황제 칭호도 폐기하였다. '당국통보'는 전쟁에 필요한 경비와 전쟁에서 패배함에 따라 배상해야 하는 상황에서 발행한 것으로, 판본(版本)이 매우 많은데, 그 중 보통의 동전보다 작은 것이 가장 적게 보인다.

---

41 시영(柴榮) : 921~959년. 후주의 세종(世宗)으로, 6년간 재위했다.

▲ 남송(南宋)의 동전들

4. 흥망을 거듭한, 양송(兩宋)의 '난(亂)'전

송나라는 북송과 남송으로 나뉘기 때문에 역사에서는 '양송(兩宋)'이라고 부른다. 양송은 중국 화폐사에서 가장 복잡했고, 화폐제도는 가장 '혼란'스러웠는데, 전문(錢文)은 똑같지 않고, 재질은 다양했으며, 사용지역도 매우 많은 시기였다.

송나라의 건국자는 태조 조광윤(趙匡胤)이다. 1100년[원부(元符) 3년]에송 철종(哲宗)이 사망하자 휘종(徽宗)이 제위를 계승하였다. 송 휘종 조길(趙佶)은 걸출한 예술가였지만, 직무에는 매우 적합하지 않은 황제였다. 그는 재위 기간에 건국(建國)·정국(靖國) 등 13종의 화폐를 발행했다. 휘종 시대는 중국 고대에 화폐 문화가 발전했던 또 하나의 절정기였는데, 화폐를 주조하는 금속 제련·주조 공예·서법 예술 모두가 봉건 사회의 초고 수준에 이르렀다. 송 휘종은 이 때문에 왕망의 뒤를 이은 "천하 제2의 화폐 주조의 명수[天下第二鑄錢好手]"라고 찬양받는다.

'철화은구(鐵畵銀鉤)[42]'의 수금(瘦金) 통보(通寶)

송 휘종이 주조한 '숭녕통보(崇寧通寶)'는 수금체(瘦金體)로 전문(錢文)을 썼는데, 이것은 휘종 황제가 친히 쓴 것으로, 그 자체(字體)가 우아하고 수려하며 섬세하면서도 힘차고 생기가 넘쳐, 후세 사람들은 '철화(鐵畵)처럼 강하고, 은구(銀鉤)처럼 어여쁘다[鐵畵銀鉤]'고 표현했으며, 사람들에게 더 이상 아름다울 수 없다는 느낌을 주었다.

수금체란 휘종이 당대(唐代)의 저명한 서법가인 설사창(薛嗣昌)의 서체

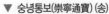

▼ 숭녕통보(崇寧通寶) (송)

로부터 변화시켜 스스로 창조한 한자 서체로, 서법사(書法史)에서 대단한 명성을 누리고 있다. 청나라의 저명한 서법가인 섭창치(葉昌熾)는 이 서체에 대해 칭송하기를, "곧기는 화살 같고, 굳세기는 철과 같아, 이를 바라보면 마치 말라 버린 덩굴이나 고목 같고, 또한 아지랑이가 하늘로 피어오르고, 연기가 완만하면서 곧게 올라가는 것 같아[直如

42 철화은구(鐵畵銀鉤) : 서예가의 운필(運筆)에서, 그 점획이 힘차면서도 부드럽고 아름다운 것을 표현하는 말이다. 이 말은 당나라 구양순(歐陽詢)의 「용필론(用筆論)」에 있는 다음 구절에서 유래했다. "徘徊俯仰, 容與風流, 剛則鐵畵, 媚若銀鉤⋯⋯ [배회하며 굽어보기도 하고 올려다보기도 하니, 온화한 모습이 풍아하며, 강하기는 곧 철화(鐵畵) 같고, 어여쁘기는 마치 은구(銀鉤 : 은으로 만든 고리인데, 잘 쓴 글씨를 일컫는 말로 전용되었다) 같구나⋯⋯]."

矢, 勁如鐵, 望之如枯藤老樹, 亦如游絲裊空, 煙縵直上]", 마치 신선의 글씨 같
다고 했다.

'대관통보(大觀通寶)'는 송 휘종이 26세 때 손수 쓴 수금체로, 그 힘차
면서도 부드럽고 아름다우며 호방하고 빼어난 필법은 숭녕전(崇寧錢)보
다 더욱 정교하고 아름답다. 수금체로 주조한 소평전(小平錢)[43]의 재질은
세밀하고, 글자는 마치 칼로 새긴 듯하여, 기계로 만든 화폐와 견줄 만
한데, 이로부터 당시 화폐 주조 공예 수준이 매우 높았다는 것을 알 수
있다. 특별히 큰 형태의 어서(御書 : 황제가 쓴 글씨)로 주조한 '대관통보'는
'출호대관(出號大觀 : 특별히 큰 대관통보라는 의미)'이라고도 부르는데, 직
경이 2치[寸] 4푼[分]인 것과 2치 7푼인 것 두 종류가 있으며, 무게는 80
그램 남짓이다. 다른 한 가지는 합배(合背)[44]의 대형 철전(鐵錢)인데, 직경
이 14.8센티미터, 무게가 600여 그램인데, 대부분이 서천(西川)[45] 지역에

---

43 소평전(小平錢) : 동전 가운데 가장 보편적인 형태, 즉 1문(文)짜리의 작은 동전을
　가리키며, 평전(平錢)이라고도 한다. 이는 동전을 사용하던 시대에 가장 작은 화폐
　단위로서, 직경은 대략 2.4~2.5센티미터, 무게는 3~4그램 정도이다.

44 합배(合背) : 중국 고대의 동전은 일반적으로 한쪽 면에 문자를 새겼으며, 액수나
　지역명이나 화폐의 명칭 등을 표기했는데, 이를 통틀어서 '전문(錢文)'이라고 한
　다. 그리고 다른 한쪽 면에는 문자나 표식이 없는데, 이렇게 문자나 표식이 새겨져
　있지 않은 면을 '전배(錢背)'라고 부른다. '합배'란 두 개의 '전배'를 한데 합쳐 주조
　한 동전으로, 양쪽 면에 모두 똑같은 '전문'이 있는 것을 가리키며, 이렇게 생긴 동
　전을 '합배전(合背錢)'이라고 부른다.

45 서천(西川) : 행정구역 명칭으로, 당대(唐代)에 비롯되었다. 원래의 검남절도사(劍
　南節度使)를 안사(安史)의 난 이후인 건원(建元) 원년(758년)에 검남동천절도사(劍南
　東川節度使)와 검남서천절도사(劍南西川節度使)로 나누었는데, '검남동천'을 '동천'
　으로, '검남서천'을 '서천'으로 줄여서 불렀다. 송대(宋代)에 다시 서천로(西川路)를
　설치했는데, 이 때부터 '서천'이라는 명칭은 사람들에게 더욱 익숙해졌다. '검남'이
　라는 지명은 '검문관(劍門關)' 이남에 위치하기 때문에 붙여진 명칭으로, 오늘날의
　사천성(四川省) 대부분과 운남성(雲南省)의 난창강(瀾滄江)·애뢰산(哀牢山) 이동(以
　東) 및 귀주성(貴州省) 북단·감숙성(甘肅省) 문현(文縣) 일대에 해당한다.

서 출토되고 있다. '출호대관'은 동(銅)으로 만든 것도 있고 철(鐵)로 만든 것도 있는데, 모두 상례(常例)를 넘어서는 화폐로서, 지금까지 보기 드문 진품으로 여겨지고 있다.

송나라의 화폐 판별들 중에서 정화(政和)·중화(重和)·선화(宣和) 등 3대 시기의 화폐 주조 공예가 가장 정미(精美)하다. 이들 전문(錢文)의 서법은 필의(筆意)가 호감을 불러일으키며, 정교하여 세밀한 곳들이 이어지면서도 또한 미세한 부분까지도 완전히 드러나는데, 각종 판식(版式)들을 세세하게 헤아려보면 백여 종이나 되며, 확실히 아름답고 다채로움을 느낄 수 있다.

정화(政和) 시기의 화폐는 통보(通寶)와 중보(重寶)의 두 종류가 있고, 동(銅)과 철(鐵) 두 재료로 만들었는데, 그 중 '정화통보(政和通寶)' 소평전과 절이전(折二錢)[46]의 철모(鐵母)[47]는 모두 정화전(政和錢) 가운데 진품(珍品)이다. 그 중에서도 소평전의 철모는 지금 세상에 전해지는 것이 고작 5개에 불과하며, 절이전 '정화통보'의 철모도 역시 보기 드물고, 오로지 절삼전(折三錢) 철모만 많이 보인다. '정화중보(政和重寶)'의 철모도 비교적 많은데, 전해오는 것이 10개 정도이며, 또한 전문(錢文)이 모두 수금서(瘦金書)이다. 역사적으로 '중화(重和)'라는 연호(年號)는 고작 3개월밖에 사용되지 않았으므로, 중화전(重和錢)을 발행한 기간이 짧기 때문에, 남

---

46 절이전(折二錢) : '당이전(當二錢)'이라고도 한다. 한 개가 2문(文)으로, 형체는 소평전보다 약간 커서, 직경이 일반적으로 2.7~2.9센티미터이며, 무게는 5~8그램인데, 수량은 소평전보다 적다. 남당(南唐) 이경(李璟) 교태(交泰) 2년(959년)에 발행한 '당국통보(唐國通寶)'가 최초의 절이전이며, 송나라부터 명나라 때까지 모두 발행했다.

47 철모(鐵母) : 철전(鐵錢 : 구리 같은 쇠로 만든 화폐)의 견본 화폐를 가리킨다. 재질은 구리이며, 제작 기법이 매우 뛰어나고 정교하며, 매우 희귀하다.

아 있는 것도 매우 적다.

만청(晚淸)의 저명한 수장가인 유연정
(劉燕庭)은『가음이천설(嘉陰移泉說)』이라
는 책자에서 다음과 같이 감탄했다. "송
나라 화폐는 수만 개나 출토되었지만,
대부분은 흔히 볼 수 있는 것들로, 중화
(重和)·정강(靖康) 같은 화폐들은 수많은
송나라 화폐들 중에서 하나도 찾아볼 수
가 없다." 송 휘종(徽宗)의 아들인 흠종
(欽宗) 조환(趙桓)은 2년 동안 재위했지
만, 실제로는 1년도 되지 않는다. 당시 금
(金)나라 군대가 남하하면서, 사회가 요
동치고, 경제는 쇠퇴하여, 화폐 발행량
은 크게 감소했다. 정강 원년(1126년) 11월
에, 금나라 군대가 변경(汴京)[48]을 함락

▲ 선화원보(宣和元寶), 정화원보(政和元寶)

시키자, 북송(北宋)은 이 때 멸망했다. 정강전(靖康錢)의 발행량이 적었을
뿐만 아니라, 발행 기간도 매우 짧았기 때문에, 그것이 화폐 분야에서
성예(聲譽)를 누리는 것은 이치상 당연한 일이다.

정강전에는 원보(元寶)와 통보(通寶)의 두 종류가 있는데, '정강통보(靖
康通寶)' 소평전의 철모전(鐵母錢)은 매우 진귀하여, 1994년 '제17차 남경

---

48 변경(汴京) : 줄여서 변(汴)이라고 하며, 옛날에는 '변주(汴州)'·'동경(東京)'·'대량(大
梁)'이라고도 불렸다. 지금의 하남(河南) 개봉(開封)으로, 중국 역사에서 여러 중요
왕조들의 수도였다. 전국 시기에 위(魏)나라가 여기에 처음 도읍을 건설하고 '대량'
이라고 불렀다.

시직공전폐교류회(南京市職工錢幣交流會)'에서 '정강통보' 소평전 한 개가 8000원(우리 돈 약 140만 원-옮긴이)이라는 높은 금액에 거래되었다. 1930년대에 저명한 수장가인 뤄보자오(羅伯昭) 선생이 거금을 들여 한구(漢口)의 골동품상인 마오딩천(毛鼎臣)으로부터 '정강통보'라는 전서절이대양전[篆書折二大樣錢 : 전문(錢文)이 전서(篆書)인 절이전(折二錢)] 한 개를 구입하고는, 격렬한 감동을 억누르지 못하면서 "한 시대의 소평전 종적을 찾지 못하였으나, 절이(折二)라는 속절없이 놀라운 큰 글자는 웅장하네[難求一代小平踪, 折二空驚大字雄]"라는 시구(詩句)를 썼다. 이 동전은 중국 내에 하나뿐으로, 진귀한 보물이라고 할 만하며, 현재 중국 국가박물관에 소장되어 있다.

남도(南渡)[49]하여 새로운 화폐[新泉]를 발행하다

12세기의 최초 25년간은 바로 송 휘종(徽宗)이 통치한 시기이다. 송 휘종은 풍류를 알았던 황제였지만, 치국(治國)에는 유능하지 못했다. 선화(宣和) 원년(1119년)과 선화 2년(1120년)에 걸쳐 여러 차례 농민 봉기가 폭발하자, 휘종은 비록 이들 농민 봉기를 진압하여 와해시키고, 농민 혁명이 초래한 통치의 위기를 모면했지만, 중국 동북 지역에서 여진족이 흥기하

---

49 남도(南渡) : 1127년에 여진족이 세운 금나라에 의해 북송(北宋)의 휘종과 흠종 두 황제가 사로잡히면서 멸망하자, 흠종의 동생인 조구(趙構)가 남쪽으로 도망쳐, 임안(臨安)으로 천도하고, 황제로 추대되었는데, 그가 송 고종(高宗)이며, 이를 역사에서 남송(南宋)이라고 부른다. 이 전쟁으로 인해 북송 사람들은 평온한 일상생활이 파괴당하여, 무수한 사람들이 의지할 곳을 잃고 떠돌았으며, 수많은 중원의 관리와 백성들이 썰물처럼 황급하게 남쪽으로 도망쳤는데, 이를 역사에서 '남도(南渡)'라고 부른다.

여, 북송 왕조는 멸망의 운명을
피할 수 없게 되었다.

당시 중국 동북부에는 여진
족이 있었는데, 11세기에 백산
(白山)과 흑수(黑水)[50] 사이에서
일어나 금(金)나라를 세웠다. 여
진족은 먼저 요(遼)나라를 공
격하여, 1125년에 요나라가 멸
망했다. 금나라 군대가 요나라
를 멸망시킨 후, 그 해 겨울에
군대를 이끌고 남하하여 대대
적으로 북송 왕조를 공격하였
다. 1127년에 금나라 군대가 북
송의 도성인 동경을 함락시키

▲ 송 휘종(徽宗)

고, 황제인 휘종과 흠종 및 황후와 후궁·종실(宗室)·대신(大臣) 등 3천여
명을 포로로 잡아갔다. 이리하여 북송 왕조는 멸망했다. 역사에서는 이
사건을 '정강의 변[靖康之變]'이라고 부른다.

북송이 멸망한 해에, 송나라 흠종의 동생인 조구(趙構)가 응천부(應天
府)[51]에서 황제가 되었고, 후에 임안[臨安 : 오늘날의 항주(杭州)]에 도읍을

---

50 백산(白山)과 흑수(黑水) : 백산은 장백산(長白山 : 중국인들이 백두산을 일컫는 명칭),
흑수는 흑룡강(黑龍江)을 가리키는데, '백산흑수'라고 하면 일반적으로 중국 동북
지역을 일컫는 의미이다.

51 응천부(應天府) : 명나라의 수도였는데, 후에 순천부(順天府)로 천도한 뒤 유도[留都 :
중국 역사에서 왕조가 수도를 천도한 다음, 옛 수도에 여전히 유수(留守) 관직을 두어 지키

▲ 정강통보(靖康通寶)

정했는데, 이것이 바로 역사에서 말하는 '남송(南宋)'이다.

남송의 첫 번째 황제인 조구는, 건염(建炎)·소흥(紹興)이라는 두 연호전들을 발행했는데, 그 품질은 북송의 동전들에 비해 훨씬 떨어진다. '건염통보(建炎通寶)'는 소평(小平 : 83쪽 참조)부터 절삼(折三 : 84쪽의 '절이전' 참조)까지 여러 종류가 있다. 그 중 소평전의 정교하고 아름다운 것은 관로(官爐 : 관에서 운영하는 화폐 주조 가마)에서 만들어졌는데, 비교적 많지 않고, 또한 '建'자의 '廴(민책받침)' 위에 점이 있는 화폐가 있는데, 이것을 '점건(點建)'이라고 부른다. '건염중보(建炎重寶)'와 '건염원보(建炎元寶)'의 발행량은 모두 많지 않았으며, 특히 원보는 매우 드물다. 만청(晩淸)의 고천학자(古泉學者)[52]인 유연정은 『가음이천설』이라는 저서에서 심지어 이렇게까지 말하고 있다. "건염원보는 존재하지 않는다[建炎無元寶]."

'건염원보'에는 소평과 절이 두 종류가 있는데, 소평의 전문(錢文)은 다시 전서(篆書 : 37쪽 참조)와 예서(隸書)[53] 두 가지 서체가 있다. '건염원보'는

게 했는데, 이 옛 수도를 가리킨다]가 되었다.
52 고천학(古泉學) : 옛날 화폐를 연구하는 학문을 말한다. '샘'을 의미하는 '泉'자에는 '옛날 화폐'라는 의미도 있다.
53 예서(隸書) : 진(秦)나라에서 사용되던 여덟 가지 서체 중 한 가지로, 당시 공용 서체인 전서(篆書)에 예속된 서체라는 의미이다. 전해지기로는 진나라의 옥리(獄吏)인 정막(程邈)이 옥중에서 고안한 것을 진시황이 승인하여 사용하게 되었다고 한다.

근래에 사람들이 중시하여, 청나라 말기부터 현재까지 이 동전은 매우 진귀하고 보기 드문 물건으로 여겨지고 있다.

'소흥원보(紹興元寶)' 소평전은 개인이 주조한 것과 관(官)에서 주조한 것 두 종류가 있는데, 개인이 주조한 동전은 주조 기술이 조악하고, 육(肉)[54]은 얇으며, 글자는 평범하다. 반면 관에서 주조한 동전은 정교하고 깔끔하며, 문자도 섬세하고 힘이 느껴지는 데다, 육이 비교적 두툼하다. '소흥원보'는 개인이 주조한 것이든 관에서 주조한 것이든 모두 수량이 매우 적은데, 특히 관에서 주조한 것은 더욱 보기 힘들다. 『고전대사전(古錢大辭典)』[55]에 기록하기를 "소흥전의 소평은 중국에는 매우 적어, 일본까지 가서 수집한다"고 하였다. 근래 약 10년 동안, 섬서성(陝西省) 동천(銅川)의 요주요(耀州窯)·산동성(山東省) 미산현(微山縣)과 장청현(長淸縣)·하남(河南) 허창(許昌) 등지에서 마침내 '소흥원보' 소평전이 새로 출토됨으로써, 이러한 화폐가 중국 내에는 없었기 때문에 역으로 해외에 나가 수집하던 역사를 종결지었다.

---

54 육(肉) : 구멍이 있는 옛날 동전이나 옥(玉)에서 구멍의 바깥 부분을 '육'이라 하고, 구멍 안쪽을 호(好)라고 한다.

55 『고전대사전(古錢大辭典)』 : 모두 22책으로 이루어져 있다. 제1책은 색인으로, 각 화폐들의 첫 글자를 필획에 따라 목록으로 만들었다. 제2책부터 제6책까지는 상편으로, 옛 도폐(刀幣)·원전(圓錢)·압승(壓勝 : 주문이나 길상 그림 등을 새겨 넣어 액운을 물리치는 용도의 화폐) 등 세 종류 순으로 그림을 배치해 놓았다. 제7책부터 제11책까지는 하편으로, 각 화폐의 관련 고증과 전보(錢譜)의 학설에 따라, 추가로 분류해 놓았다. 제12책은 총론으로, 종합적인 논저와 각 전보를 소개하고 있다. 이 책의 자료 수집은 비교적 완벽하다고 할 수 있다.

'대송(大宋)'의 마지막 화폐

남송의 조구 이후 제4대 황제인 이종(理宗) 조윤(趙昀, 1225~1264년 재위)은 보경(寶慶)·대송(大宋)·소정(紹定)·단평(端平) 등 15종의 동전을 발행했다. 보경(寶慶) 연간(1225~1227년)에 '大宋'[56]이라는 국호가 있는 동전을 발행했는데, 원보와 통보 두 종류가 있으며, 전문은 모두 해서(楷書)[57]이다.

'大宋元寶' 네 글자는 선독(旋讀)[58]하도록 배치했으며, 동전은 소평(小平)과 절이(折二) 두 종류가 있고, 뒷면에 새겨 넣은 기년(紀年)은 '원(元)'부터 '삼(三)'까지 있으며, 광배(光背)[59]는 비교적 적다. 철전(鐵錢)은 소평과 절삼(折三)이 있는데, 기년(紀年) 이외에 '漢'·'春'·'定'·'泉'·'西' 등 화폐를 발행한 곳을 의미하는 문자를 뒷면에 새긴 경우도 있다.

'대송통보(大宋通寶)'는 네 글자를 선독하도록 배치한 소평 철전이 있으며, 동(銅)으로 만든 것으로는 단지 전문을 직독(直讀 : 앞의 '선독' 참조)하고, 뒷면에 '當拾(당십)'이라는 전문이 있는 대형 동전만 보인다. 이 동전의 전문 형태는 시원스럽고 빼어난데, '拾'자의 윗부분 '人'자의 주요 특징을 살펴볼 때, 송나라의 서법가였던 채경(蔡京)이 쓴 것이며, 송나

56 대송(大宋) : 송나라 사람들이 자신들의 나라를 높여 일컫던 명칭이다.
57 해서(楷書) : 정해(正楷)·진서(眞書)·정서(正書)라고도 부른다. 예서체가 점차 변화한 것으로, 예서보다 더욱 간결하고, 가로 세로 획이 곧다.
58 선독(旋讀) : 동전의 전문(錢文)의 배치 방식은 두 가지가 있다. 대다수는 상하우좌(上下右左) 순서로 읽게 되어 있는데, 이렇게 읽는 것을 직독(直讀)이라 하고, 시계바늘 방향으로 읽는 것을 선독이라 한다.
59 광배(光背) : 옛날 동전의 뒷면에 문자가 새겨져 있지 않은 것을 가리키는 말로, 소배(素背)·광막(光幕)·소막(素幕)이라고도 한다.

라 동전 가운데 최고라고 할 만하다. '대송통보' 당십(當拾) 대동전(大銅錢)은 정교하고 아름답게 제작된 데다, 전해지는 것도 매우 적기 때문에, 대단히 진귀하게 여겨지고 있다. 1830년대에 저명한 수장가인 유연정은 또 다른 저명한 학자가 '대송통보' 한 개를 가지고 있다는 사실을 알고는, 매우 희귀한 물건을 크게 칭송하고, 아울러 편지를 보내 탁본 한 장을 달라고

▲ 대송통보(大宋通寶)

요청했지만, 결국 완강히 거부하여 얻지 못했는데, 10여 년 후에 비로소 복건(福建) 순무(巡撫)[60]였던 여(呂) 아무개라는 사람이 거기에서 또 다른 한 개의 똑같은 문자가 새겨진 동전을 발견함으로써, 평생의 한 가지 숙원을 이루었다.

민국(民國, 1912~1949년) 이래로, 중국 내에 '대송통보'를 획득하여 소장하고 있는 사람은 고작 몇 사람뿐이다. 일본의 수장가인 히라오 산페이(平尾贊平)도 한 개를 가지고 있다. 1980년대 이후, 이 화폐가 마침내 경매에 모습을 나타냈다. 1991년에, 홍콩의 어떤 사람이 거금을 주고 상해(上海)의 어떤 수장가로부터 그가 오랫동안 소장해온 '대송통보' 한 개를

---

60 순무(巡撫) : 중국의 관직명으로, 명(明)·청(清) 시대에 지방 군정(軍政) 고위 관료의 하나였으며, '무대(撫臺)'라고도 불렸다. 전국 각지를 순시하는 군정과 민정을 담당하는 대신이었다. 청대에는 한 성(省)의 군정과 민정을 주관했다. "천하를 순행하여[巡行天下], 군과 민을 위무한다[撫軍按民]"고 하여 붙여진 이름이다.

구입했으며, 또 1992년에는 홍콩국제화폐전시판매회에 성대하게 출품했는데, 한 일본 상인이 1만 8천 홍콩달러(1홍콩달러는 대략 한화 150원 정도-옮긴이)에 입찰하여 구입했다. 곧이어 1993년 홍콩국제화폐전시판매회에서도 문자가 마모되고 상태가 약간 좋지 않은 '대송통보' 당십(當拾) 대전(大錢) 한 개가 일본으로부터 홍콩으로 흘러들어 왔는데, 한 홍콩 상인이 1만 3천 홍콩달러에 낙찰하였다.

역사적으로 화폐 위에 '大'자를 주조해 넣은 것들, 예컨대 '대당통보(大唐通寶)'·'대명통보(大明通寶)'·'대청통보(大淸通寶)' 같은 것들은 모두 화폐사에서 그 지위가 뚜렷하지 못했다. 그 원인으로는, 어떤 것은 아예 그 조대에 주조한 것이 아니라는 것이다. 예를 들면 '대당통보'는, 국력이 강대했던 당(唐)이 주조한 화폐가 아니고, 오대십국(五代十國) 시기의 약소국이었던 남당(南唐)이 주조한 화폐이다. 또 명대 가정(嘉靖) 연간(1522~1567년)에, 황제는 조령(詔令)을 반포하여 '대명통보'를 발행하려고 했지만, 후에도 발행하지 못했다. 숭정[崇禎 : 명나라 마지막 황제로, 농민 기의군이 수도를 공격해 들어올 무렵, 북경 경산(景山)에서 목을 매 자살했다-지은이] 연간에 명나라가 멸망한 다음, 황실의 가족인 주이해(朱以海)가 절강(浙江) 소흥(紹興)에서 '대명통보'를 주조하는 지경이었다. 그러나 '대송통보'는 오히려 매우 진귀하여, 화폐의 뒷면에 '當拾'이라는 두 글자가 있는 것은, 지금까지 세상에 남아 있는 것이 10개도 되지 않는다.

▼ 천계통보(天啓通寶) (위), 천우통보(天佑通寶) (아래)

5. 지폐본위[紙本位]의 원나라 화폐

원(元)나라(1206~1368년)는 중국 역사에서 중요한 왕조이다. 원나라는 중국 문화사에서 선대(先代)를 계승하여 발전시키는 작용을 발휘했을 뿐 아니라, 또한 수많은 영역들에서 새로운 비약을 이룸으로써, 중국 내 각 민족들의 문화가 전면적으로 교류하고 융합하는 새로운 국면을 열어, 중국 문화의 번영과 발전에 중요한 공헌을 하였다.

중국은 예로부터 다민족국가였으며, 각 민족들은 각 역사 시기마다 모두 중국 문명의 진보와 발전에 공헌하였다. 원나라는 비록 존립했던 기간이 비교적 짧았지만, 그것이 중국의 역사 발전에 끼친 영향은 매우 중요했다. 대다수의 중국 봉건 왕조들에 비해, 원나라 통치자들은 사상·문화·관념 면에서 모든 것을 다 포용하는 정책을 추구했으며, 또한 "실속 없이 겉만 번지르르한 예의나 법제를 좋아하지 않았다[不尙虛文]".

원나라는 중국 고대 역사에서 유일하게 정부 당국에서 '피휘(避諱)'[61] 제도를 시행하지 않은 왕조였으며, 또한 중국의 봉건 역사상 사상 문화

---

61 피휘(避諱) : 옛날에 중국의 봉건 왕조 시대나 우리나라의 고려 시대에는 임금의 이름이나 연호(年號)에 포함된 글자와 같은 글자를 문장이나 신하와 일반 백성들의 이름에 사용해야 할 경우, 의미가 같은 다른 글자를 사용하거나, 일부 획을 생략하여 사용해야 했는데, 이를 가리킨다.

의 금고(禁錮)[62] 제도가 가
장 적은 왕조였다. 원나라
인사(人士)들은 말이나 글
로 인해 불행을 겪은 사례
가 없었으며, 또한 중국 봉
건 역사상 유일하게 종교와
신앙의 자유를 명확하게 제
시한 왕조였다.

▲ 원(元) 세조(世祖) 쿠빌라이

　원나라의 창시자인 쿠빌
라이는 "천명에 순응하는
것은 오직 지성(至誠)으로써
하고, 백성을 구하는 것은
오직 실리로써 한다"고 주
장하여, 과거제도를 폐지했으며, 국가 경제와 국민 생활에 관련된 여러
가지 과학·문화도 정부의 지원을 받아 빠르게 발전했다. 또한 원나라의
화폐가 경제의 교류에 따라 대량으로 해외 각국들로 유출되었는데, 특
히 고려와 일본으로 많이 유출되었다. 한국에서는 대량의 원대(元代) 화
물을 실은 채 해저에 침몰되어 있던 한 척의 중국 선박을 발견했는데,
그 침몰된 배에는 12개의 선실이 있고, 수천 건의 자기와 7만 개의 동전
이 실려 있었다.

---

62 금고(禁錮) : 봉건 시대에 통치 집단이, 자신들과 생각이나 사상이 다른 사람이 관리
　가 되는 것을 금지함으로써, 정치 활동에 참여하는 것을 허락하지 않은 것을 가리
　킨다.

남아시아와 아프리카로 통하다

원(元) 왕조 시기에, 일본 상인이 항상 민절(閩浙)[63] 해안에 와서 장사를 했다. 역사 저작물인 『도이지략(島夷誌略)』에는, 원나라 상인이 해로(海路)로 안남(安南)과 점성(占城 : 오늘날의 베트남)에 와서 장사를 하여, 많은 재물과 화폐를 가져갔다고 기록되어 있다. 원나라의 여행가인 주달관(周達觀)은 그의 『진랍(캄보디아) 풍토기(眞臘風土記)』에서, 원나라의 화폐·금과 은·동기(銅器)·석기(錫器 : 주석 기물)·칠반(漆盤)·청자·마포(麻布)·우산·철과(鐵鍋 : 쇠솥) 등을 진랍의 도처에서 볼 수 있었다고 기록하고 있다. 1294년에 사이암(태국의 옛 명칭-옮긴이) 국왕이 중국을 방문했는데, 이후 원나라의 상품과 화폐가 끊임없이 오늘날의 태국으로 흘러 들어갔다. 모로코의 여행가인 이븐 바투타(Ibn Battuta)와 이탈리아인 마르코 폴로(Marco Polo)는 모두 원나라 상인들이 상품과 화폐를 가지고 인도 남부의 쿠란(俱蘭 : 지금의 코친)·사자국(獅子國 : 스리랑카의 옛 명칭)·몰디브에 가서 장사하는 모습을 목격했다. 이 밖에도 원나라의 화폐는 아프리카와 중부 유럽의 여러 나라들로 흘러갔다. 1253년, 원나라 헌종(憲宗) 연간에 왕자인 훌레구가 이끄는 군대를 시리아와 이집트 등지에 파견하였으며, 후에 원 세조 쿠빌라이도 대신(大臣)을 마다가스카르·층요라국(層搖羅國 : 탄자니아의 잔지바르)에 파견했는데, 중국의 재화와 화폐가 이 때부터 아프리카로 흘러 들어갔다.

모로코의 『이븐 바투타 여행기』에는, 중국 원나라에는 초폐(鈔幣 : 지폐)가 통용되었는데, 지폐의 크기는 손바닥만하고, 한 면에는 황제의 옥

---

63 민절(閩浙) : 옛날에 복건(福建)과 절강(浙江) 지역을 함께 일컫던 말이다.

▲ 지대통보(至大通寶) (왼쪽), 지정통보(至正通寶) (오른쪽)

새를 찍어 놓았다고 기록되어 있다. 원 세조 지원(至元) 12년(1275년)에, 원나라는 경교도(景教徒)[64]에게 서신·선물·화폐를 주어 예루살렘에 보내 성지를 참배하게 하였는데, 도중에 또 일칸국(Ilkhanate) 국왕의 부탁을 받고서 먼저 콘스탄티노플·나폴리·로마에 도착했으며, 후에 다시 교황 필리프 4세(Philippe IV)와 영국 국왕 에드워드 1세를 만났다.

원 세조 지원 27년(1290년)에, 이탈리아인 마르코 폴로와 그의 아버지·숙부가 원나라에 왔는데, 자기 나라로 돌아간 다음 그가 구술한 것을 작가 루스티치아노(Rusticiano)가 기록한 『동방견문록』에는, 중국 원나라가 지폐를 인쇄·발행하여 시장에서 유통시켜 사용하고 있는 정황을 전문적으로 기술하여, 유럽인들로 하여금 이로 인해 견문을 크게 넓히도

---

64 경교(景教, Nestorianism) : 서기 450년경에 시리아의 네스토리우스라는 사람이 창시한 그리스도교의 한 종파로, 당나라 때 중국에 전래되었다.

록 해주었다.

지폐의 성행

원나라 화폐제도의 가장 큰 특징은 장기적이고 광범위하고 대량으로
지폐를 발행하여 유통시켰다는 점이다. 원나라의 영토는 매우 광활하
여, 횡으로는 아시아와 유럽을 관통했는데, 지폐 자체는 가볍고 편리하
기 때문에 이것을 가지고 "북으로는 음산(陰山 : 지금의 내몽골자치구 북쪽
에 있는 산)을 넘었고, 서쪽으로는 사막 끝까지, 동쪽으로는 요동(遼東)까
지, 남쪽으로는 해표(海表 : 옛날에 중국 국경 밖의 멀고 구석진 세계를 일컫던
말)를 넘어갈[北逾陰山, 西極流沙, 東盡遼東, 南越海表]" 수 있었다. 이것은
당시 유럽인들로 하여금 불가사의하게 느끼도록 하였다. 이탈리아의 여
행가인 마르코 폴로는 그의 여행기에서 이렇게 쓰고 있다. "지폐가 대칸
(大汗 : 원나라 황제의 존칭으로, 영어로는 The Great Khan이다)이 통치하는 영
역의 각 지방들에서 유통되고 있어, 아무도 감히 생명의 위험을 무릅쓰
면서 지불에 사용하는 것을 거절하는 사람이 없고, 이러한 지폐를 사용
하여 어떤 물건이들 매매할 수 있다." 또 그는 놀라고 의아해 하며 말하
기를, "확실하게 단언할 수 있는 것은, 대칸의 재부(財富)에 대한 지배권
은 어떤 군주보다도 더욱 광범위해졌다는 것이다"라고 했다.

원나라 지폐의 형상은 직사각형인데, 일반적으로 길이는 25~26센티
미터, 너비는 16~18센티미터이고, 판면의 사방 테두리에는 무늬가 있
다. 위쪽에는 오른쪽에서 왼쪽으로 '○○通行寶鈔(통행보초)'라고 인쇄되
어 있으며, 한가운데는 액수가 인쇄되어 있는데, 1관(貫), 2관, 10문(文),

20문, 50문, 1백 문 등 여러 가지가 있다. 아래쪽에는 인쇄 지폐의 액면·관직의 명칭·발행 연월일 및 위조한 자는 사형에 처한다는 등의 경고문이 인쇄되어 있다. 원나라의 지폐 유통은 주로 중통초(中統鈔 : 중통 연간에 발행한 지폐)·지원초(至元鈔)·지정초(至正鈔)의 세 시기를 거쳤다. 이들 세 시기 가운데 화폐 가치가 가장 안정되었던 것은 중통초였고, 유통 기간이 가장 길었던 것은 지원초로, 36년을 초과하였다. 그런데 발행량이 가장 많고 가치 하락이 가장 심각했던 것

▲ 지원통행보초(至元通行寶鈔) (원)

은, 원 순제(順帝) 지정(至正) 11년(1351년)에 유통되기 시작한 지정초였다. 이 새 지폐는 대량으로 인쇄되었으며, 그 결과 10배 이상의 물가 상승을 초래하여, 지폐법을 문란하게 만들었는데, 이러한 혼란은 지정 연간에 이르러 절정에 달했다. 역사 기록에 따르면, 당시 지폐는 매일 셀 수 없을 정도로 인쇄함으로써 물가가 등귀하자, 지폐는 매우 활력을 잃었고, 백성들이 사용하려고 하지 않았기 때문에, 지폐를 이용하여 벽을 바르거나 바닥에 까는 사람조차 있어서, 지폐는 마침내 폐지 취급을 받았다고 한다.

어느 날, 원 순제는 갑자기 액면 금액이 큰 동전을 발행하는 방식으

로 이미 폐지처럼 된 지폐를 대체하려는 기발한 생각을 하게 되는데, 지정(至正) 시기의 권초(權鈔)는 바로 이러한 정황에서 나온 것이다. 권초전(權鈔錢)의 앞쪽 전문(錢文)은 역시 한자(漢字)이며 대독(對讀 : '직독'과 같은 의미. 90쪽 각주 58 참조)하도록 배치했고, 뒷면에 있는 '吉'자는 동전을 주조한 지역인 강서(江西)를 의미한다. 또 구멍 오른쪽에는 '權鈔'를 세로로 새겨 놓았으며, 왼쪽에는 세로로 무게를 기록한 문자를 새겨 놓았는데, 5푼[分]·1돈[錢][65]·1돈 5푼·2돈 5푼·5돈 등 다섯 종류가 있다. 전문의 내용을 보면, 지정 시기의 권초에는 통보(通寶)와 지보(之寶) 두 종류가 있다. 전자는 종류가 매우 많으며, 가치가 보통이고, 후자는 주조량이 많지 않고, 널리 유통되지 않았기 때문에 전해지는 게 드물다. 1990년 5월에 홍콩국제화폐경매[香港國際融幣拍賣會]에서 3개의 지정 권초전이 출품되었는데, 권초 1전(錢)짜리의 경매가가 1800달러였으며, 권초 1돈 5푼짜리의 경매가가 1600달러였고, 권초 2돈 5푼짜리의 경매가가 1800달러였다.

원나라의 동전은 수량이나 형태는 물론이고 제작 공예도 모두 양송(兩宋) 시기에 미치지 못하며, 수량도 적고, 형태도 통일되어 있지 않다.

원나라의 마지막 통치자인 원 순제 토콘 티무르는 복잡한 궁중 투쟁 중에 몇 번의 재난을 겪은 다음에야 비로소 황제가 된 사람이다. 그는 성격이 잔혹하면서도 황음무도하여, 대신들을 500여 명이나 주살했으며, 또한 마구잡이로 백성의 고혈을 짜내고, 지폐를 남발했다. 이 밖에도 변량(汴梁)[66] 대명(大名)[67] 등지에 인부 15만 명을 강제 동원하여, 군

---

65 푼[分], 돈[錢] : 척관법의 무게 단위로, 10푼이 1돈이며, 10돈이 1냥[兩]이며, 16냥이 1근(斤)이다. 1냥은 미터법으로 37.5그램이고, 1근은 약 600그램이다.

대의 감독 하에 황하의 수로를 팠다. 송나라 말기에 농민이 기의한 직접적인 원인은 바로 '과도한 수로의 굴착과 지폐의 남발로 인한 변고[開河變鈔]'였으며, 주요 원인은 순제의 황음무도한 통치와 왕실의 분쟁 및 권신(權臣)들의 부패였지만, 근본 원인은 원나라 통치자의 종족 차별 정책에 있었다. 인위적으로 신민(臣民)을 4등급[몽고인, 색목인(色目人)[69], 한인(漢人), 남인(南人)]으로 분류하여, 한인과 남인을 적대시하고 압박하여, 민중 봉기를 야기했다. 심지어 어떤 원나라 대신은 미친 듯이 한인들 가운데 '장(張)·왕(王)·조(趙)·이(李)·유(劉)' 씨 등 대성(大姓) 사람들을 모조리 죽여 버리자는 생각을 제시하기조차 했다. 바로 위에서 언급한 원인들로 인해 마침내 농민 기의를 폭발시킴으로써, 원나라의 멸망과 명나라의 탄생을 야기했다.

---

66 변량(汴梁) : 간변(簡汴)·동경(東京)·변경(汴京)이라고도 부르며, 북송의 수도였다. 원(元)·명(明) 시대에는 개봉(開封)이라고 불렀다.

67 대명(大名) : 하북성 동남부에 위치하며, 하북성·산동성·하남성이 교차하는 지점에 위치하는 요충지이다.

68 색목인(色目人) : 원나라 때 중앙아시아와 서아시아에서 온 각 민족들을 통칭하던 명칭이며, 또한 원나라 백성들의 네 가지 계급 중 하나이기도 했다. 넓은 의미에서 말하면, 몽고인·한인(漢人)·남인(南人)을 제외한 서북 민족들 모두가 색목인이었다. 몽고인에게 정복당하여 중국에 들어온 아라비아인·페르시아인(우즈베키스탄인)·중앙아시아의 돌궐인·수그다인(Sugda)·티베트인·당항인(黨項人)·중앙아시아의 키타이인(Khitay) 등을 가리키는데, 그 중 페르시아인의 비율이 비교적 높았다.

▼ 명나라의 화폐들

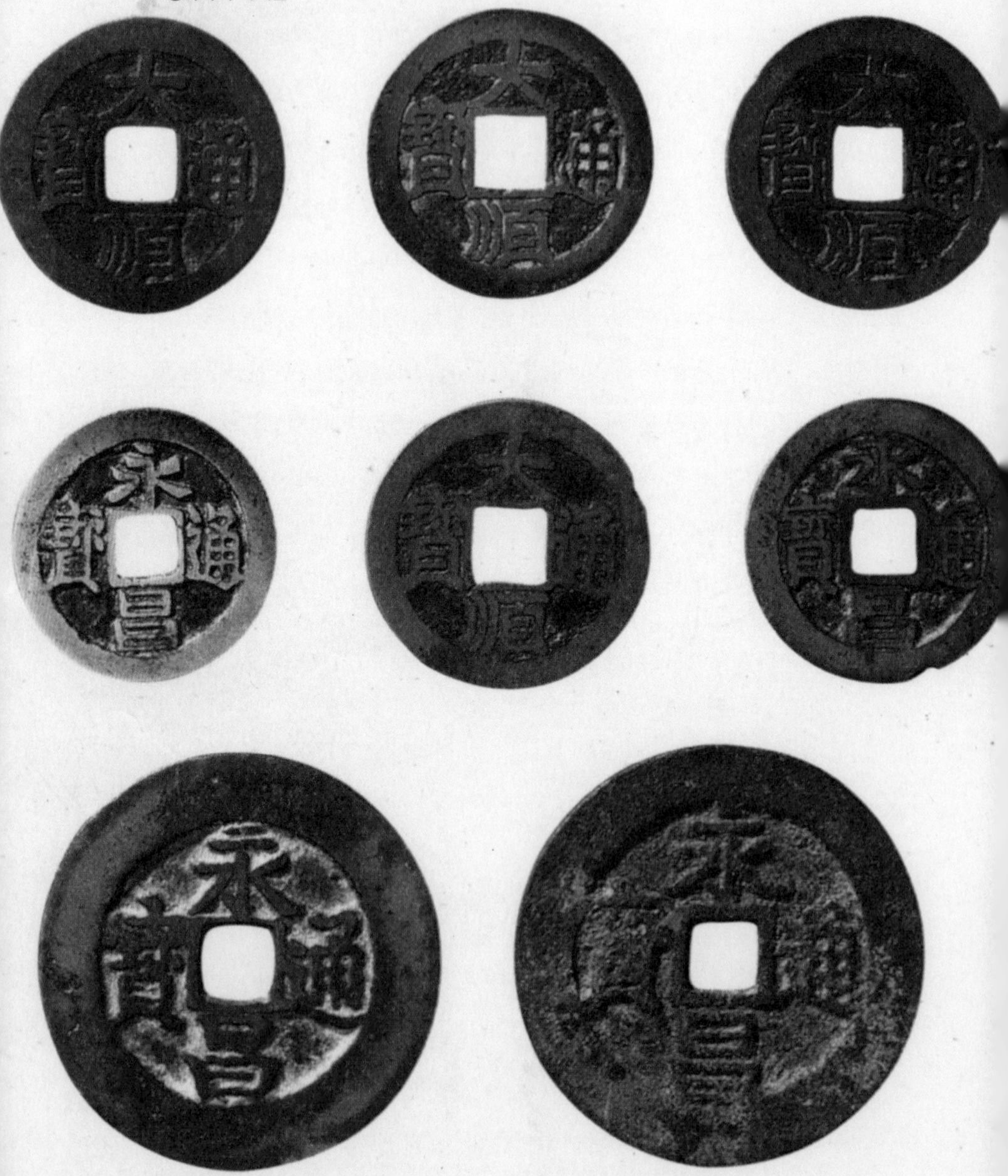

6. 많은 화폐를 주조한 명(明) 왕조

명(明) 태조(太祖) 주원장(朱元璋)은 1368년에 원나라를 멸망시키고 명나라를 건국했다. 주원장은 호주(濠州) 종리[鍾離 : 지금의 안휘성 봉양(鳳陽) 동쪽] 출신으로, 소년 시절에 집안 형편이 곤궁하여, 부잣집에서 방목을 하며 생계를 유지했다. 17세 되던 해에 부모와 형이 잇달아 굶주림과 질병으로 세상을 떠나자, 목숨을 부지하기 위해 그는 출가하여 승려가 되었다.

몇 해가 지나, 주원장은 기의군(起義軍)에 의탁하였는데, 여러 차례 뛰어난 공로를 세웠기 때문에 최고 지휘자의 총애를 받았다. 그는 기의군을 이끌고 여러 차례 원나라의 수많은 요충지들을 공격하여 점령했는데, 금릉[金陵 : 오늘날의 강소(江蘇) 남경(南京)]을 점령한 다음, 주원장은 "성벽을 높이 쌓고, 식량을 널리 모으고, 왕이 되는 것을 늦추는[高築

▼ 주원장(朱元璋)

墙, 廣積糧, 緩稱王]" 정책을 확립하여, 군대를 모으고 말을 사들였으며, 정예부대를 양성하고, 많은 책사와 무장들을 불러 모으면서, 점차 자신의 역량을 강화해 나갔다. 후에 '파양호(鄱陽湖)' 전투를 통해 그는 다른 한 부대를 섬멸하고, 이듬해에 스스로 '오왕(吳王)'이 되었다. 이어서 다시 매우 큰 역량을 가진 다른 두 부대를 섬멸하고, 같은 해에 또 광동(廣東)·복건(福建)을 공격하여 점령함으로써, 국토의 절반을 차지하였다.

1367년, 그는 25만 명의 군대를 파견하여 산동(山東)을 공격하여 점령한 다음, 승세를 몰아 추격하여 일거에 원나라의 수도를 함락시켰다. 원나라 최후의 황제는 대세가 이미 기울었음을 확인하고는 황급히 북쪽으로 도망쳤다. 이리하여 명 왕조의 국토가 최초로 정해졌다.

초법(鈔法)[69]을 제정하여 반포하다

홍무(洪武) 7년(1374년)에 주원장은 초법을 제정하여 반포하고, 조정에는 보초제거사(寶鈔提擧司)를 두었으며, 또한 그 밑에 초지국(抄紙局)과 인초국(印鈔局)을 두고, 홍무 8년(1375년)부터 지폐인 '대명통행보초(大明通行寶鈔)'를 인쇄하여 발행하기 시작했다. 액면은 1백 문(文)·2백 문·3백 문·4백 문·5백 문·1관(貫) 등 모두 6종류로 나뉜다. 화폐 가치는 1관이 1천 문 혹은 은(銀) 1냥(兩)과 같고, 4관은 황금 1냥과 같다. 이 '대명통행보초'는 명나라의 처음부터 끝까지 사용된 지폐이다.

홍무 22년(1389년)에 호부(戶部)는 다시 10문(文)부터 50문까지의 소액

---

69 초법(鈔法) : 세계 역사상 최초로 지폐를 사용한 나라인 중국의 고대에 제정된, 지폐의 발행·유통·태환(兌換)에 관한 법령이다.

권 지폐를 발행했다. 동시에 1
관(貫)짜리 대명통행보초 아래
쪽에는 '戶部 奏準印造(호부 주
준인조)'라는 문구를 인쇄해 놓
았는데, 이는 바로 홍무 13년
에 정부가 중서성(中書省)을 폐
지하고 호부(戶部)를 설치한 후
에 인쇄한 것이다. 이 지폐의 표
면 형식은 오늘날의 위안화(元
貨) 지폐와 유사하고, 세로로 길
쭉한 장방형이며, 주위 테두리
에는 용문(龍紋)이 있는 난이 있
다. 액면의 위쪽에는 가로로 '大
明通行寶鈔(대명통행보초)'라는
여섯 글자를 크게 써 놓았다.

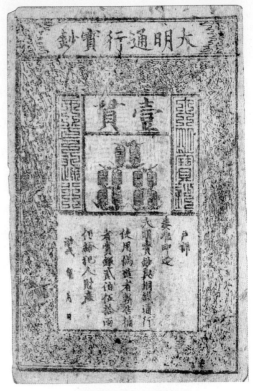

▲ 대명통행보초(大明通行寶鈔)

가운데 부분에는 액면인 '一貫
(일관)'이라는 글자와 열 꿰미의 동전 모양이 있고, 그 양 옆에는 '大明寶
鈔 天下通行(대명보초 천하통행)'이라는 여덟 글자의 전서(篆書) 글씨가 있
다. 액면의 아래쪽에는 세로로 '戶部 奏準印造 大明寶鈔與銅錢通行使
用. 僞造者斬, 告捕者賞銀貳百伍拾兩仍給犯人財産, 洪武 年 月 日'[70]이

---

70 번역하면 다음과 같다. "호부, 황제께 상주하여 인쇄할 것을 허락 받았음. 위조한
자는 참수하고, 고발하여 붙잡도록 한 자에게는 상으로 은(銀) 250냥과 함께 범인
의 재산을 준다. 홍무 년 월 일".

라는 문구를 행해서(行楷書) 서체로 인쇄해 놓았다. 액면 글자와 그 아래쪽 문구 위에는 '寶鈔提舉司印(보초제거사인)'이라고 새긴 두 개의 커다란 사각형의 붉은 도장을 겹쳐 찍어 놓았다. 명 왕조가 존립한 270여 년 동안, 단지 한 가지 지폐만 사용했으며, 또한 줄곧 중앙집권화하여 중앙 정부가 통일적으로 인쇄하여 발행했고, 은전(銀錢)이나 동전(銅錢)과 함께 사용했는데, 이는 역대에 유일한 경우이다. 명나라 때에는 공부(工部)가 화폐 주조를 주관했고, 그 밑에 보원국(寶源局)[71]을 설치했다. 주원장은 원(元)나라의 '원'자를 피휘(避諱 : 94쪽 참조)하고 자기 이름을 피휘하여(주원장의 이름에 있는 '원'자의 한자가 '元'이다─옮긴이), 주조하는 동전의 전문(錢文)을 일률적으로 '통보(通寶)'라 하고 '원보(元寶)'라고 하지 않았으며, 이후 주조한 동전들에도 모두 원보라는 전문은 없다.

명 성조(成祖) 주예(朱棣)는 영락(永樂) 6년(1408년)에 '영락통보(永樂通寶)'를 발행했는데, 이 화폐를 만든 동(銅)의 색깔은 자홍색(紫紅色)이며, 진서(眞書 : '해서'의 다른 명칭) 서체로 직독(直讀 : 90쪽 각주 '선독' 참조)하도록 전문을 배치했다. 그리고 모두 소평전(小平錢 : 83쪽 참조)이며, 뒷면은 무늬가 없는 광배(光背 : 90쪽 참조)이고, 화폐의 직경은 2.5센티미터이며, 제작 수준이 우수하고 통일적이며, 전문이 아름답고 소탈하며, 필획은 단정하고 장중하다. '영락통보' 중에도 절삼(折三) 대전(大錢)이 있지만, 전해

---

71 보원국(寶源局) : 명·청 시대에 화폐 주조를 관리하던 부서이다. 원나라 말기 지정(至正) 21년(1361년)에 주원장은 응천부(應天府 : 87쪽 참조)에 보원국을 설치하여 화폐 주조 업무를 관장하게 했다. 명나라 홍무(洪武) 원년(1368년)에는 각 행중서성(行中書省 : 1급 지방 행정기구)에 보원국을 설치하고, 보원국과 함께 '홍무통보'를 주조했으며, 아울러 개인이 화폐를 주조하는 것을 금지했다. 청나라는 그 제도를 계승하여, 보천국(寶泉局)을 호부(戶部)에서 관할하고, 보원국을 공부(工部)에서 관할했다.

오는 것은 단지 한 개뿐이다(현재 상해박물관에 있다). 선덕(宣德) 9년 이후부터 명 효종(孝宗) 홍치(弘治) 16년(1503년)까지, 모두 68년 동안은 더 이상 동전을 발행하지 않았다.

효종 홍치 연간에는 보초(寶鈔)의 신용이 흔들리자, 백성들은 사용하려고 하지 않았으며, 심지어 물물교환을 하는 상황까지 출현했다. 10관(貫)의 보초는 3문(文 : 1천 문이 1관)의 동전에도 미치지 못했다. 명나라 정부는 더 이상 동전을 발행하지 않으려고 했는데, 보초의 신용을 만회할 방법도 없었고, 또한 매우 많은 이익을 사적으로 동전을 주조하는 상인들이 차지하자, 양경(兩京 : 서경인 장안과 동경인 낙양)과 전국 13개 성(省)에 조서를 내려 다시 주전로(鑄錢爐)를 열고 동전을 주조하도록 명령하여, '홍치통보(弘治通寶)'를 발행했다. '홍치통보'는 모두 소평전이고, 뒷면은 무늬가 없는 광배였는데, 이 동전의 판본은 꽤 많으며, 각지에서 만든 것들은 약간씩 차이가 있다. 오늘날까지 전해오고 있는 것으로는 한 개의 '홍치통보' 대전이 있는데, 이것도 매우 희귀한 것이다.

사적(私的) 주조(鑄造)가 창궐하고, 명칭이 복잡했다

명 세종(世宗) 가정(嘉靖) 6년(1528년)에는 '가정통보(嘉靖通寶)'를 발행하기 시작했는데, 광배 소평전으로, 전해오는 것이 꽤 많다. 주조할 때, 조정에서는 우선 양경(兩京)의 보원국(寶源局)에서 이 동전을 주조하도록 조서를 내려 명령했으며, 또한 공부(工部)에서는 영락·선덕 시기의 화폐 주조 표준에 따라 나머지 4성(省)에서도 화폐를 주조하도록 명령했는데, 발행량은 영락·선덕 시기보다 약간 증가했다. 동시에 사적으로 화폐를

▲ 가정통보(嘉靖通寶)

발행하는 일을 방지하기 위해 화폐 주조 공예 수준도 높였는데, 화칠(火漆)·선변(旋邊)·금배(金背) 등의 화폐들을 주조해 냈다. 화칠이란 바로 두 번 정련(精練)한 것이다. 선변이란 물레를 이용하여 테두리를 줄로 갈아 낸 것이다. 금배는 네 번 정련한 황동(黃銅)을 가리키는 것으로, 속칭 '사화황동(四火黃銅)'이라 하는데, 이 화폐는 정교하고 아름답게 주조되었으며, 지금 전해지는 것이 매우 적다.

명 목종(穆宗) 융경(隆慶) 4년에는 '융경통보(隆慶通寶)'를 발행했다. 이 화폐는 모두 소평전이고, 광배여서 뒷면에 무늬가 없다. '융경통보'는 1문의 무게가 1돈[錢] 3푼[分]이며, 금배와 화칠이 있다. 명나라 전기에는 보초 정책을 시행하는 데 온 힘을 쏟았기 때문에, 동전을 엄격하게 규제하고, 여러 번 발행을 중지하고 사용을 금지했으며, 설령 금지를 해제하더라도 제한을 가하여, 내고(內庫 : 궁중의 재정 담당 창고)에 수납하거나, 아니면 잔고로 채워 놓았다. 그리하여 두 가지 결과를 초래하였다. 첫째는 민간에서 사적 주조가 창궐하여, 전체 민간에는 다시 구리 재료가 부족했기 때문에, 옛 화폐를 사적 주조에 사용하였다. 둘째는 은(銀)의 사용을 보편화했다. 명나라 때는 은을 말 안장형으로 주조했는데, 이를 '원보(元寶)'라고 불렀으며, 기타 형상으로 주조한 것은 '은정(銀錠)'이라고 불

▲ 만력통보(萬曆通寶)

렀다. 소량의 은정은 점차 사회에서 '은자(銀子)'라고 불렀다.

화폐 주조량이 증가한 것은 명 신종(神宗) 때인 만력(萬曆) 시기이다. 신종 만력 4년(1575년)에 '만력통보(萬曆通寶)'를 발행하기 시작했는데, 이 화폐는 판본이 상당히 많다. 만력 20년(1591년)에 조선을 도와 일본의 침략에 대항하는 전쟁을 개시한 후, 국가 지출이 점차 수십 배나 증가했지만, 수입은 오히려 거의 절반으로 줄어들었다.

명나라 정부가 대처한 방법은 바로 화폐를 발행하여 재정 수입을 보충하는 것이었다. 만력 20년 이전에 전국의 주전국(鑄錢局)은 단지 60곳의 주전로(鑄錢爐)만을 가지고 있었는데, 만력 20년에 100곳으로 증가했다. 만력 30년에는, 호부(戶部) 등의 기관에서 새로 250곳의 주전로를 설치했고, 응천부에도 100곳을 더 설치하여, 1년에 350개의 주전로가 늘어났다. 본래 호부는 단지 지폐만을 관장하고, 공부가 동전 발행을 관장했는데, 이 때 지폐인 보초가 중단되자, 호부에서는 다시 동전을 발행했다. 이 일이 한 번 시작되자, 전국 각지에서 이를 본받아 주전로를 만들어 동전을 주조했는데, 일부 주전 기술자들은 수준이 매우 낮았다.

▲ 대순통보(大順通寶)

당시 사적으로 주조한 동전의 명칭도 매우 많았는데, 왜발(歪脖)·첨각(尖脚)·반두(胖頭) 등과 같은 것들은 매우 많이 전해오고 있다. 숭정(崇禎) 시기에는 화폐제도가 혼란스러웠다. 사회 정치적 부패가 경제적 혼란을 초래하고, 폐단이 극심하여, 조정의 재정은 거의 붕괴되었다.

명나라 말기에, 통치자가 함부로 징발하고 혹독하게 수탈하여, 백성들의 부담이 극도로 가중됨에 따라, 대규모의 농민 기의가 폭발했다. 농민 기의군의 우두머리인 이자성(李自成)은 1644년에 서안(西安)을 공격해 들어가서 대순(大順) 정권을 수립하고, '영창통보(永昌通寶)'를 발행했다. 또 다른 농민 기의군의 우두머리인 장헌충(張獻忠)이 농민 기의군 부대를 이끌고 무창(武昌)을 점령한 후 대서왕(大西王)이라고 칭하면서, 연호를 대서(大西)로 바꾸고, 같은 해에 '대순통보(大順通寶)'를 발행했다. '대순통보'는 금·은·동의 세 종류로 나뉘는데, 전쟁 공신들을 포상했기 때문에, 단지 기념의 의미만을 가지고 있을 뿐이다. 화폐의 겉면에는 '西王賞功(서왕상공)'이라는 네 글자가 있으며, 뒷면에는 구멍의 오른쪽과 왼쪽에 '大順'이라는 두 글자가 있다. 구멍의 위쪽에는 새 문양이 있고, 구멍의 아래쪽에는 '闖(틈)'자가 있으며, 동전의 직경은 4.5센티미터이다. 그후에 장헌충의 수양아들인 손가망(孫可望)이 1647년에 '흥조통보(興朝通寶)'를 발행했는데, 대·중·소의 3등급으로 나뉜다.

이들 농민 기의군은 "균전면량(均田免糧 : 토지를 균등하게 분배하고 세금을 면제한다)"·"할부제빈(割富濟貧 : 부자의 재산을 나누어 가난한 사람을 구제한다)" 등의 구호를 내걸어, 인민으로부터 옹호와 지지를 받았다. 이자성이 북경에 진입한 초기에, 민간에는 이러한 노래가 퍼져 있었다. "소와양을 잡고, 술과 음료를 준비하여, 성문을 열어 놓고 염라대왕을 맞이하면, 염라대왕이 왔을 때 세금을 내지 않는다네[殺牛羊, 備酒漿, 開了城門迎闖王, 闖王來時不納糧]." 그러나 기의군이 북경에 진입한 이후에는 오히려농민군의 본색을 점차 잃어 갔다. 그 우두머리는 축재하기 위해 군기를무너뜨리고, 서로 다투어 돈과 재물을 약탈하자, 기의군은 인민의 지지를 잃어 갔으며, 전투력은 크게 약화되었다. 이 때 북쪽의 만청(滿淸) 군대와 명나라의 잔여 세력이 농민 기의군에 대해 협공을 가하면서, 형세는 급전직하했다. 명나라의 반란군 장수인 산해관(山海關)[72] 총병(總兵)오삼계(吳三桂)는 청(淸) 군대를 산해관으로 끌어들여 기의군과 결전을벌였는데, 이자성은 패배하고 북경에서 물러갔다.

---

72 산해관(山海關) : 유관(楡關)·유관(渝關)·임려관(臨閭關)이라고도 부르며, 만리장성이 시작되는 지점에 있었으며, 중국 역사상 모든 왕조의 요충지였다. 하북성(河北省) 진황도(秦皇島) 동북쪽 15킬로미터 지점에 위치한다.

또 다른 한 갈래의 기의군 우두머리인 장헌충이 성도(成都)에서 황제를 칭하고 있을 때, 국호가 대서(大西)였는데, 왕부(王府)⁷³를 설치하자, 육부(六部)의 관리들은 또한 주전국을 열고, 현지 왕부의 금·은 기물들과 성 안에 있는 사원의 동상(銅像)들을 거두어 '대순통보(大順通寶)'를 발행했다. '대순통보'는 동의 색깔이 황금색이고, 윤이 나며 정교하여, 민간의 부녀자들이 그것으로 장신구를 만들어 사용했는데, 그 찬란하기가 마치 순금 같았다고 전해진다. '대순통보'는 소평(小平) 동전 한 가지뿐이며, 전문은 해서체이고, 뒷면에 아무 글자나 무늬도 없는 것과 '工'·'戶'·'川戶'라는 세 가지 문자가 새겨진 것들로 나뉜다. '工'·'戶'자가 새겨진 동전은 당연히 공부와 호부에서 주조했을 것이다. 뒷면의 글자가 '川戶'인 것이 가장 보기 어렵다.

'西王賞功(서왕상공)'이라는 동전은 장헌충이 무창(武昌)을 점거하고 대서왕이라 칭하고 있을 때 발행한 것인데, 적들과 전투를 벌여 공을 세운 장병들에게 상으로 내린 동전 모양의 메달로, 기념품 성격을 갖는 것이지 실제로 유통된 화폐는 아니다. '서왕상공'의 앞면 문자는 해서체이고, 직독(直讀)하도록 배치했으며, 뒷면에는 아무 무늬나 글자가 없다. 또 제작 상태가 정교하고, 금·은·동의 세 종류가 있는데, 전해지는 것이 매우 적다.

기의군의 우두머리인 장헌충은 섬서 연안(延安) 사람으로, 빈궁한 집안 출신이어서, 어려서 아버지를 따라 대추를 팔았고, 업신여김을 당했다. 후에 미지(米脂)⁷⁴에서 농민 기의에 참가하여, 고영상(高迎祥)·이자성

---

73 왕부(王府) : 중국 봉건 왕조 시기에 등급이 가장 높은 귀족들의 관저를 말한다.
74 미지(米脂) : 옛날에는 '은주(銀州)'라고 불렀고, 섬서성 유림시(榆林市) 중동부에 위

과 함께 섬서부(陝西府) 기의군의 우두머리인 왕자용(王自用)의 부장(部將)이 되었으며, '팔대왕(八大王)'이라고 불렸다. 기의군은 산서(山西)·하남(河南) 등지를 옮겨가며 전투를 벌였으며, 기세가 드높았다. 이후 기의군은 두 갈래로 나뉘는데, 이자성을 우두머리로 하는 부대는 서북쪽으로 나아갔고, 장헌충을 우두머리로 하는 부대는 동남쪽으로 확장해 가면서 강회(江淮)[75] 유역에서 계속 전투를 벌였다. 후에 강대한 명나라 군대가 공격해 왔을 때, 장헌충은 한때 거짓으로 투항하여, 명나라 군대를 현혹시키면서 기회를 노렸다. 그는 자신의 군대로 하여금 명나라 군대의 지시에 복종하지 말도록 명령하여, 군량미와 군마(軍馬)의 사료를 모으고, 무기를 제조하는 데 박차를 가한 다음, 호북 곡성(谷城)에서 다시 의병을 일으켜 명나라 군대와 전투를 벌였다. 이후 장헌충은 호북 지역을 옮겨 다니며 전투를 벌였고, 무창을 공격하여 함락시킨 다음, 대서왕으로 칭했다. 후에 다시 남하하여 장사(長沙)를 공격하여 점령한 다음, 호남성 전체와 호북성의 남부 등지를 장악했다. 뒤이어 사천(四川)을 공격하여 점령하고, 성도(成都)에 대서(大西) 정권을 건립했다. 장헌충은 성도에 자리를 잡고 나서 얼마 지나지 않아, 남진하던 청(淸) 군대와 치열한 전투를 벌였다. 대순(大順) 3년(1646년)에 장헌충은 서충(西充 : 사천 분지에 있는 요충지)의 봉황산(鳳凰山)에서 청군과 전투를 벌일 때 화살에 맞아 사망했다.

명나라의 화폐 형태는 초기와 후기가 다르다. 초기에는 종류와 판별

치하며, 무정하(無定河) 중류에 걸쳐 있다.

75 강회(江淮) : 글자 그대로, 강(江)은 장강(長江)을, 회(淮)는 회수(淮水)를 의미하는 말로, 장강과 회수 일대를 가리킨다.

이 간단한데, 천계(天啓)·숭정(崇禎) 시기(1621~1644년)에는 점점 복잡해졌다. 초기에는 단지 평전(平錢)뿐이었고, 중·후기에 비로소 당십전(當十錢)이 생겨났다. 동(銅)을 주조하는 기술이 향상됨에 따라, 명나라의 화폐를 가공하는 데에 선변(108쪽 참조-옮긴이) 공예를 사용했는데, 바로 화폐 발행 전에 물레를 사용하여 가공하고 화폐의 테두리를 갈고 깎아, 매끄럽고 깨끗하며, 윤곽이 단정하다. 전문(錢文)의 서체도 같지 않았으며, 초기의 화폐는 외곽의 원이 넓지 않지만 후기에는 넓게 변했는데, 이러한 특징은 줄곧 청대(淸代)까지 영향을 미쳤다.

▲ 선통(宣統) 은화(위)와 광서원보(光緒元寶) (아래)

7. 은(銀)을 주(主)로 삼고, 전(錢)을 보조로 삼은 마지막 시대—청(淸)

청 왕조(1616~1911년)는 만주의 여진족이 건립한 봉건 국가이자, 또한 중국 역사상 최후의 봉건 왕조이다. 초대 황제인 누르하치가 국호를 금(金)으로 정한 이래, 최후의 황제인 선통제(宣統帝) 부의(溥儀)가 퇴위할 때까지, 모두 295년간 존립했다. 여진족은 줄곧 동북쪽의 장백산(長白山) 지역에 거주하면서, 대대로 목축과 어업 및 수렵을 하며 살았다. 여진족의 우두머리인 누르하치는 각 부족들을 통일하고, 아울러 명나라 만력(萬曆) 44년(1616년)에 나라를 세워 '금'이라고 했는데, 역사에서는 이를 후금(後金)이라고 부른다. 또 연호를 천명(天命)으로 정하고, 자신을 천명칸(天命汗)이라고 했다.

누르하치가 발행한 화폐들은 모두 만문(滿文 : 만주 문자)과 한문(漢文)의 두 종류가 있다. 만문으로 된 동전의 앞면 문자를 번역하면 '天命汗錢[천명칸전 : 천명 시기에 칸(Khan)이 발행한 돈이라는 의미]'인데, 만문으로 썼으며, 읽는 법은 구멍의 왼쪽에서 시작하여 오른쪽으로 읽고, 다시 위에서 아래로 읽는다. 이 동전은 네모난 구멍이 있는 둥근 돈 형태이며, 명나라의 소평전을 모방했고, 구리의 색깔은 검붉은 색이며, 주조 기술은 비교적 열악하다. 한문으로 된 동전인 '천명통보(天命通寶)'와 '천명칸전'은 동시에 발행되었는데, 전문은 직독(90쪽 각주 58 참조—옮긴이)하도록 배치했고, 뒷면에는 글자가 없으며, 서법(書法)은 뚜렷이 다르다. 당시 만주인들은 대다수가 돈을 사용하지 않았으므로, 동전은 대부분 장식품으로 사용되었으며, 옷이나 모자 위에 붙이거나 옷깃 앞에 착용하여, 칼이나 창을 피할 수 있었다고 한다. 누르하치가 세상을 떠난 다음, 그의 아들인 아이신기오로[愛新覺羅] 홍타이지[皇太極]가 황위를 계승하고, 연호를 천총(天聰, 1627년)으로 바꿨다. 천총 원년에는 만문 화폐인 '천총칸전(天聰汗錢)'을 발행했는데, 옛날 만주 문자의 글씨 쓰는 방법을 따랐다. 뒷면 문자는 명나라의 '천계통보(天啓通寶)' 대전(大錢)을 모방했으며, 뒷면 구멍의 위쪽이나 왼쪽에는 만문으로 '十'자를 새겨 놓았고, 구멍의 오른쪽에는 '一兩'이라고 새겨 놓았다. 글씨는 굵은 글자와 가는 글자의 두 종류가 있다. 이 시기에 만청이 관할하는 만몽(滿蒙 : 만주와 몽고) 부락은 여전히 목축을 하며 살았기 때문에, 물물교환으로 교역을 했다. 관외(關外)[76]로 이주해온 한인(漢人)들도 농사를 지으며 살았는데, 대부분이 소작농이거나 노예가 되었기 때문에 화폐의 유통은 매우 적었다. 따라서 '천명'·'천총' 두 시기에 화폐를 발행했지만, 발행량도 매우 적고, 전해지는 것도 많지 않다.

천총 10년(1636년)에 홍타이지가 황제에 즉위하고, 국호를 청(淸)으로 바꿨다. 순치(順治) 원년(1644년)에 세조(世祖)가 입관(入關 : 중국 영토의 중심으로 들어간다는 뜻)하여, 북경에 수도를 정하고, 점차 중국을 통일해 갔다. 청의 봉건 통치가 공고해진 다음, 곧 생산력을 회복하고, 사회 경제

---

76 관외(關外) : 옛날 중국의 국경에는 여러 관문들이 있었는데, 이 관문의 바깥, 즉 산해관(山海關)의 동쪽과 가욕관(嘉峪關)의 서쪽 등 국경 바깥 지역을 일컫는 말이다.

▲ 천명통보(天命通寶) (청)

를 발전시키는 조치를 취했다. 먼저 농업 생산을 발전시켰다. 주인이 있는 황무지에 대해서는, 원래 주인이 개간하면 정부가 특혜를 부여하여 3년 동안 세금을 부과하지 않았다. 또 유랑민에 대해서는 원적(原籍)이나 본적(本籍)을 불문하고 보갑(保甲)[77]에 편입시키고, 황무지를 개간하면 공인 증명서를 발급해 주어 영구히 농사를 지을 수 있도록 허가함으로써, 전국적으로 농업 생산의 회복과 발전을 촉진하였다. 당시의 직예(直隸) 경기(京畿)[78]·태호(太湖)·장강(長江) 삼각주·파양호(鄱陽湖) 지역은 모두 이미 주요 식량 생산지가 되어 있었다. 동시에 수리사업을 대대적으로 일으켜 황하를 정비하였다. 황하는 10년 사이에 60여 차례나 둑이 무너졌는데, 1703년(강희 42년)까지 황하 양안(兩岸)의 침수되었던 농지는 점차 다시 경작하기 시작했으며, 황하 하류의 홍수는 대체로 파악되었고, 아울러 수리 사업을 진행했다. 그런 다음 광업을 개발하고 생산을 확대

---

77 보갑(保甲) : 송(宋)나라 때 처음 실시한 제도로, 통치자가 호적을 통해 백성을 편제한 제도이다. 몇몇 가구를 1갑(甲)으로 편성하고, 몇몇 갑을 1보(保)로 편성했으며, 보에는 보장(保長)을 두고, 갑에는 갑장(甲長)을 두어, 통치자가 백성들을 다층적으로 편리하게 통제할 수 있었다.
78 직예(直隸) 경기(京畿) : 옛날 중국의 수도인 북경(北京)에 직속되어 있던 수도권 지역을 일컫던 말이다.

▲ 천총통보(天聰通寶) (청)

하였으며, 수공업을 북돋우고 발전시켰다. 청 왕조는 수공업 발전에 대해서, 물자의 원활한 유통 및 백성의 편의에 중점을 둔 광범위한 지원 정책들을 시행함에 따라, 전국 수공업의 회복과 발전이 촉진되었다.

당시 한구(漢口)에는 철기(鐵器)를 주조하는 상점이 13곳 있었고, 무호(蕪湖)에는 철공장[鋼場]이 수십 곳 있었으며, 산서(山西) 능천(陵川)에는 철물점 12곳이 있었고, 면포 염직업(染織業)·식량 가공업·제당업(製糖業)·제와업(製瓦業 : 기와 제조업)·제지업(製紙業)·목재 가공업 등도 모두 매우 크게 발전했다. 상업이 전례 없이 발전함에 따라, 양주(揚州)·소주(蘇州)·남경(南京)·항주(杭州)·광주(廣州)·한구 등 도시의 상공업이 가장 발달했다. 해외 무역도 매우 빠르게 발전하면서, 대외 교류를 통해 일부 화폐들은 매우 정상적으로 국외로 유출되었다.

서북쪽의 사마르칸트와 부하라(Bukhara : 우즈베키스탄의 도시)는 청나라와 중앙아시아 각국들의 무역 중심지였다. 서남쪽 변경의 무역은 카

슈미르·부탄·방글라데시·네팔 등의 나라들에까지 발전했다. 이 나라들에서 생산되는 숄·면화·피혁·담배·염료(染料)·진주·산호·가위·안경은, 무더기로 운반되어 와서 다시 무더기로 중국 화폐로 교환되었다. 남쪽 변경에서는 화폐가 베트남·사이암(태국의 옛 이름-옮긴이)·미얀마로 유출되었는데, 이 나라들의 면화·소금·우모(羽毛)·흑칠(黑漆)·동사(銅砂)·상아·짐승 뿔도 무더기로 가져와져서 많은 중국 화폐로 교환되었다. 동북 변경에서는 화폐가 조선으로 유출되었는데, 두 나라는 줄곧 "사이 좋게 왕래하였다[往來相善]". "동쪽이든 서쪽이든 백성이 가는 곳을 따라[或東或西, 聽民所往]", 청나라의 화폐는 곧 상인을 따라 국외로 유출되었다.

청나라는 여전히 명나라의 화폐제도를 답습하여, 큰 액수의 화폐는 은(銀)을 사용했고, 작은 액수의 화폐는 전(錢)을 사용했지만, 은의 지위가 더 중요했다. 만청(萬淸)이 통치했던 청 왕조는 모든 황제들이 화폐를 발행했다. 청나라 초기의 '삼번(三藩 : 세 지방을 분봉한 제왕과 제후 세력)'[79]도 화폐를 발행했는데, 그 가운데 오삼계(吳三桂)가 발행한 '이용통보(利用通寶)'와 '소무통보(昭武通寶)', 경정충(耿精忠)이 발행한 '유민통보(裕民通寶)', 오삼계의 손자인 오세번(吳世璠)이 발행한 '홍화통보(洪化通寶)'는 비교적 널리 유통되었다.

1644년에 청 세조 순치(順治)는 북경에 주전국(鑄錢局)을 설치하여 화폐를 발행했고, 공부(工部)·호부(戶部)에 보원국(寶源局)과 보천국(寶泉

---

79 삼번(三藩) : 청 왕조를 세울 때, 만주족인 청군이 중원을 점령하는 것을 도운 세 명의 한족(漢族) 장수들을 분봉하여 제후로 삼았는데, 역사에서 이들을 일컫는 말이다. 그 세 사람은 바로 오삼계·경정충·상가희이다.

▲ 홍화통보(洪化通寶)

局)을 개설했으며, 후에 천하를 통일함에 따라, 각지에 주전국을 개설하고, 아울러 '순치통보(順治通寶)'를 발행했다. 청군이 중원 땅에 막 진입했을 때는 명나라 화폐의 유통을 허락했지만, 얼마 지나지 않아 곧 명나라 화폐 및 기타 화폐의 사용을 엄격히 금지하고, 오로지 청나라 화폐만 사용하도록 했다. 순치 연간에는 화폐 제조 성분에 대해 명확하게 규정했다. 즉 동(銅) 7할, 아연[白鉛] 3할을 합금했는데, 이를 '황동(黃銅)'이라고 부른다. 1천 개의 동전을 1천(串)이라 부르고, 연간 발행하는 1만 2천 천을 1묘(卯)라 부르는데, 즉 일정 기간의 규정된 발행 액수를 '정묘(正卯)'라고 부르며, 정묘 이후에 추가로 발행하는 액수를 '가묘(加卯)'라고 부른다. 순치 시기에 발행한 동전의 형식은 통일되지 못하여, 배문(背

▲ 순치통보(順治通寶)

文 : 동전의 뒷면에 새긴 문자)에 따라 다섯 가지로 나눌 수 있는데, 바로 화폐계(貨幣界)에서 명성을 얻고 있는 '순치오식(順治五式)'이 그것이다. '순치오식'이란, 첫째로 명나라 화폐의 형식을 모방하여, 앞면에는 '順治通寶(순치통보)'라는 전문이 있고, 뒷면에는 모두 문자가 없는 광배(光背)이다. 이런 형식을 채용한 것은, 주로 관내(關內)[80] 사람들의 요구에 따른 것이었으며, 또한 신구 화폐 간의 태환(兌換)에 편리했기 때문이다. 둘째는 회창개원전(會昌開元錢)[81]을 모방한 것으로, 동전 뒷면의 문자는 그 동

---

80 관내(關內) : 관외(關外)와 반대되는 말로, 117쪽의 각주 76을 참조할 것.

81 회창개원전(會昌開元錢) : '개원통보(開元通寶)'에 대해, 많은 사람들은 당나라 현종(玄宗) 이융기(李隆基)가 발행한 연호전(年號錢)이라고 여긴다. 왜냐하면 걸출한 황제인 이융기가 '개원(開元)'이라는 연호를 사용했고, 또한 당시의 '개원성세(開元盛世)'를 세상 사람들이 잘 알고 있기 때문이다. 하지만 이것은 오해인데, 왜냐하면 '개원통보'는 당나라 개국 황제인 고조(高祖) 이연(李淵)이 무덕(武德) 4년(621년)에 처음 발행한 것으로, '寶'자를 전문으로 사용하여, 후세의 주전소(鑄錢所)들이 모방했기 때문에, 당나라 이후에 발행한 화폐의 대부분은 '○○通寶'·'○○重寶'·'○○元寶' 등으로 불린다. 만당(晩唐) 때에는 모두 '개원통보'를 주로 발행하여 사

전을 주조한 지역과 국(局 : 보천국 혹은 보원국)을 기록했다. 예컨대 '戶'와 '工'은 보천국(寶泉局)과 보원국(寶源局)에서 주조한 것이다. 순치 8년(1651 년)에는 돈의 중량을 1돈[錢] 2푼[分] 5리[厘]로 바꾸었다. 셋째는 청나 라 초기에 돈을 만드는 무게는 끊임없이 변화했는데, 순치통보 중 전문 이 한자(漢字)인 동전의 크기와 무게는 차이가 상당히 컸다. 어떤 국(局) 은 돈을 주조한 기간이 짧아, 주조한 지 얼마 지나지 않아 곧 발행을 중 단했기 때문에, 그 동전을 발행한 관청과 지역을 모두 기록한 동전이 매 우 적은데, 이 동전은 순치 10년에 발행하기 시작하여, 순치 17년에 발 행을 중단했다. 각 국(局)에서 주조한 동전은 서로 완전히 같지는 않고, 크기와 무게도 차이가 있었다. 넷째는 만문전(滿文錢)으로, 앞면은 '順治 通寶'라는 한문이고, 뒷면은 새로운 만문을 사용했는데, 구멍의 좌우 에 있는 만문은 '寶泉' 혹은 '寶源'이며, 동전 하나의 무게는 1돈[錢] 2푼 [分]으로 규정했다. 순치 14년에 외성(外省 : 수도 이외의 지방 각 성)에서 화 폐를 주조하는 것을 중지시켰으므로, 북경에서만 발행하였다. 다섯째는 만한문전(滿漢文錢)으로, 앞면은 '順治通寶'라는 한문으로 되어 있다. 뒷 면에는 국명(局名)을 기록해 놓았는데, 뒷면의 구멍 왼쪽에는 만문으로 주전국 이름을 넣고, 구멍 오른쪽에는 한문으로 주전국 이름을 넣는 것 으로 바꾸었다.

순치 17년(1660년)에 호부는 다시 각 성(省)에 주전국을 개설하기로 협 의하여 결정했는데, 보원국과 보천국이 발행한 화폐가 여전히 만문전이 었던 것을 제외하고, 기타 각 성의 주전국들이 발행한 동전의 배문(背文)

용했으며, 당 고조 이후 황제들은 모두 개원전(開元錢)을 발행했다. '회창개원전'이 란, 당나라 무종(武宗)이 회창(會昌) 5년(845년)에 발행한 개원통보를 가리킨다.

은 모두 만한문(滿漢文)이었다. 이러한 종류의 화폐는 제작 기술이 비교적 우수하고, 발행량이 매우 많았으며, 전해오는 것도 많다.

순치 18년(1661년) 정월에, 청 세조(世祖 : 누르하치)가 세상을 떠나자, 강희제(康熙帝)가 이어서 즉위했다. 그는 호부의 보천국과 강남성(江南省)[82]의 강녕국(江寧局)만을 남겨 두어 '강희통보(康熙通寶)'를 제작하고, 그 나머지의 주전국들은 화폐 발행을 중단했다. 그 후 강희 6년(1667년)에 각 성은 다시 화폐를 발행했으며, 이후 다시 잇따라 발행을 중단했다. '강희통보'를 발행한 기간은 60년에 달하며, 발행량도 비교적 많지만, 판본은 비교적 간단한데, 북경의 보원국과 보천국은 '순치통보' 만문전의 형식을 따라, 뒷면의 문자는 만문이다. 기타 각지의 주전국에서 발행한 것은, 뒷면에 만문과 한문으로 국명(局名)을 각각 한 글자씩 넣었는데, 민간에서는 이러한 주전국 이름을 편리하게 기억하기 위해 다음과 같은 시 한 수를 지었다. "同福臨東江, 宣原蘇薊昌, 南河寧廣浙, 臺桂陝雲漳."[83] 이

---

82 강남성(江南省) : 원래 명나라 때의 남경(南京), 즉 남직예(南直隸) 지역을 가리키는 말이었는데, 만청(滿淸)이 중국을 지배한 이후, 청나라 순치 2년(1645년)에는 명나라를 답습하여 강남승선포정사사(江南承宣布政使司)를 설치하여, 남경에서 수도의 지위를 박탈하고, 순무아문(巡撫衙門)을 강녕부(江寧府 : 지금의 남경)에 설치했다. 이어서 청나라 강희 첫 해에 승선포정사사를 다시 행성(行省)으로 삼자, 강남승선포정사사는 곧 다시 강남성이 되었다. 강남성의 범위는 대체로 지금의 강소성·상해시 및 안휘성의 상당 부분을 포함하였는데, 강희 연간에 다시 안휘성과 강소성으로 양분되었다.

83 同福臨東江, 宣原蘇薊昌, 南河寧廣浙, 臺桂陝雲漳 : 중국의 각 지역에 있던 주전국(鑄錢局)들의 명칭에서 한 글자씩을 따온 것으로, 순서에 따라 다음과 같다. 산서(山西)의 대동국(大同局), 복건성국(福建省局), 산동(山東)의 임청국(臨淸局), 산동성국(山東省局), 강소(江蘇)의 강녕국(江寧局), 직예(直隸) 선부국(宣府局), 산서(山西)의 태원국(太原局), 강소(江蘇)의 소주국(蘇州局), 직예 계주국(薊州局), 강서(江西)의 남창국(南昌局), 호남성국(湖南省局), 하남성국(河南省局), 감숙(甘肅)의 영하국(寧夏局), 광동성국(廣東省局), 절강성국(浙江省局), 복건(福建)의 대만국(臺灣局), 광서성국(廣西省局 : '桂'는 '광서장족자치구'를 일컫는 약칭이므로, 광서성국을 '桂'자로 표기했다),

▲ 강희통보(康熙通寶)

밖에도 또 '鞏(공)'·'西(서)'[84] 두 가지가 있지만, 수량은 많지 않다.

'강희통보(康熙通寶)'는 큰 것과 작은 것의 두 종류가 있고, 무게도 다른데, 처음에는 1문(文)의 무게가 1돈 4푼이었다가 강희 23년(1684년)에는 1돈으로 줄였고, 강희 41년에 다시 1돈 4푼으로 바꾸었으며, 또한 1천 문으로 은 1냥을 교환하도록 규정했다. 동시에 가벼운 동전을 발행했는데, 1문의 무게가 7푼이었으며, 1천 문으로 은 7푼을 바꾸었다.

순치와 강희 두 시기에는 내전이 끊이지 않았으므로, 동(銅)의 생산과 운반이 모두 문제였기 때문에, 민간에 동이 부족하여 공급이 수요에 미치지 못하자, 사적으로 동전을 주조하는 상황이 매우 심각했다. 강희 중·후기는 표면상으로는 태평성대였지만, 인구 증가는 빨라지고 생산의

섬서성국(陝西省局), 운남성국(雲南省局), 복건福建)의 장주국(漳州局)이다.

84 '鞏(공)'·'西(서)' : '鞏'은 감숙(甘肅)의 공창국(鞏昌局)을, '西'는 '산서국(山西局)'을 나타낸다.

증가에는 한계가 있었다. 그리하여 물가를 낮출 방법이 없어지자, 농민의 1년 수입은 단지 간신히 먹고사는 정도에 불과했으므로, 천재(天災)를 한 번 당하면 그마저 유지할 수 없었다. 강희제(康熙帝) 자신도 이 때문에 항상 이렇게 자조했다. "다스려지기는 했지만 아직 흥성(興盛)해지지는 못하였다[康則康矣, 熙則未必]." 생산이 증대되지 못하니 사회적 재부가 증가하지 못하여, 물가를 억제하는 등의 수단에 의지하는 것만으로는 국민의 수입을 증가시킬 수 없게 되자, 정부는 화폐의 무게를 줄임으로써 사적인 화폐 주조를 막을 수밖에 없었다.

당시 '강희통보' 만문전(滿文錢) 중에는 12지지(地支) 세트 화폐가 있으며, 복건성에서 주조한 것이다. 이 밖에 '강희통보' 중에는 한 가지 특별한 것이 있는데, 후세 사람들은 이것을 '나한전(羅漢錢)'이라고 부른다. 이 동전은 일반적인 '강희통보'보다 약간 작고, 수도 북경의 보천국(寶泉局)에서 제작했는데, 이 동전의 '熙'자는 모양이 특이하며, 돈의 색깔은 황금색이고, 제작이 뛰어나다.

나한전에 관한 전설은 매우 많은데, 다음과 같다. 일설에 따르면, 강희 연간에 서쪽 변경에서 반란이 일어나자, 조정에서는 군대를 보내 평정하도록 했지만, 군비(軍費)가 부족하여 속수무책으로 있을 때, 어떤 사원의 승려가 자발적으로 사원 안에 있는 동기(銅器)와 18존의 금신(金身) 나한(羅漢)을 바치자, 이것으로 화폐를 주조하여 사용했다고 한다. 다른 일설에 따르면, 강희 황제의 60세 생일에, 호부의 보천국에서 금나한으로 화폐를 주조하고, 아울러 이 화폐를 사원의 나한 뱃속에 넣어 두었다가, 황제의 생일에 각급 관리들에게 나누어 줌으로써 기념했다고 하는 것 등이다.

강희 황제는 61년 동안 재위하여, 강희 재위 기간에 화폐 발행량이 매우 많았기 때문에, '강희통보'는 전해오는 것이 매우 많다. 강희 황제가 1772년에 세상을 떠나고, 청 세종(世宗) 옹정(雍正) 황제가 즉위했다. 옹정 황제는 즉위한 후 여전히 사적인 화폐 주조를 금지하고, 동전 긴축 정책을 실행했다.

침체 상태의 청나라 중·후기 동전

'옹정통보(雍正通寶)'의 수량은 순치·강희 시기에 발행한 동전보다 훨씬 적고, 종류도 적다. 심지어 한때는 각 성(省)에 오직 하나의 주전국만을 설립하도록 허락했는데, 어떤 주전국은 아예 화폐를 발행하지도 않았다. 이는 당시 천주교를 금지하고 해상무역을 제한하여 동(銅) 재료가 부족했던 것과 관계가 있다.

옹정전(雍正錢)의 형태는 비록 강희(康熙) 대전(大錢)의 형태를 모방했지만, 뒷면은 전부 만주 문자로 주전국(鑄錢局)을 기록했는데, 泉(천)·源(원)·濟(제)·黔(검) 등의 주전국들이 있다. 옹정 13년(1736년)에 고종(高宗)이 즉위하고, 이듬해에 연호를 '건륭(乾隆)'으로 고쳤는데, 이것이 바로 역사에서 말하는 '건륭성세(乾隆盛世)'의 시

▼ 옹정통보(雍正通寶)

작이다. 이 때 '건륭통보(乾隆通寶)'를 발행하기 시작했다. 건륭은 60년 동안 재위하면서, 정부가 대량으로 투자함에 따라 동광(銅鑛)의 생산이 빠르게 발전하여, 연간 생산량이 2천여 만 근(斤 : 1근은 약 600그램)의 최고 수준에 이르렀다. 옹정은 원래 있던 주전국에 계속 발행을 독려하는 것 외에, 다시 陝(섬)·臺(대)[85] 등 5곳의 주전국을 증설했다. 대체로 건륭 이전의 화폐 원료는 구리·납·아연을 혼합하고 주석은 섞지 않았기 때문에, 완성품의 색깔과 광택이 황색에 가까우므로, 황전(黃錢)이라고 부른다. 건륭 5년(1740년)에 구리·납·아연·주석을 혼합하여 동전을 만들기 시작하자, 동전의 색깔과 광택이 청황색(靑黃色)이므로, 청전(靑錢)이라고 부른다. 그리하여 '건륭통보'는 청전과 황전이 병존한다.

건륭 후기에 청나라 정부가 쇠약해지면서, 화폐 주조에도 노력과 재료를 규정보다 적게 들이자, 질과 양이 급격히 낮아져 열악한 동전이 대

▲ 건륭통보(乾隆通寶)

85 섬(陝)·대(臺) : 섬서성국(陝西省局)과 대만국(臺灣局)을 가리킨다.

량으로 출현했는데, 이것들은 강희·옹정 시기의 화폐들과는 전혀 비교할 수 없다. 이 밖에 보소국(寶蘇局)[86]에서는 또한 맨 먼저 테두리가 넓은 소자전(小字錢)을 주조했는데, 이 화폐는 조선의 '상평통보(常平通寶)'와 매우 비슷하기 때문에, '상평식전(常平式錢 : 상평통보 스타일의 돈이라는 뜻)'이라는 이름도 얻었다. 이렇게 테두리가 넓은 형태의 동전은 건륭 시기 보절국(寶浙局)[87]에서 발행한 동전에서도 발견되었는데, 매우 보기 드물다.

건륭 24년(1795년)에, 청나라 군대는 신강(新疆) 준갈이부(準噶爾部)[88]에서 일어난 대·소화탁(大·小和卓)[89]의 반란을 평정했으며, 또한 더 나아가 신강 지역 내에 있는 할거 세력을 숙청하여 신강을 통일했다. 그리고 그 곳의 통치를 강화하기 위해, 청나라 정부는 그 해에 곧 야르칸드(Yarkand, 葉爾羌)에 주전국을 설치하고 '건륭통보'를 발행했으며, 이후 계속해서 아극소(阿克蘇)·오십(烏什)·이리(伊犁)·고차(庫車)·객십(喀什)·화진(和闐)에도 주전국을 설치하고 화폐를 발행했는데, 그 지역에서 자동(紫銅 : 붉은색을 띠는 구리)이 많이 생산되었기 때문에, 화폐 발행에도 현지

---

86 보소국(寶蘇局) : 청나라 때 강소성(江蘇省)의 주전국에서 주조한 동전에는 '寶蘇'라고 표기했는데, 그 동전을 주조한 곳이 보소국이다.

87 보절국(寶浙局) : 순치(順治) 6년에 항주부국(杭州府局)에 개설한 주전국으로, 여기에서 발행한 동전의 뒷면에는 '浙'자가 있다.

88 준갈이부(準噶爾部) : 액로특몽고(額魯特蒙古) 영토를 구성하던 4부 중 하나이다. 나머지 3부는 두이백특부(杜爾伯特部), 화석특부(和碩特部), 토이호특부(土爾扈特部)이다.

89 대·소화탁(大·小和卓) : 화탁(和啅)은 페르시아어 번역 발음으로, 본래는 무슬림이 이슬람교의 시조인 무함마드의 후예와 이슬람교 학자를 부르는 존칭이다. 신강(新疆)에서는 이슬람교의 봉건 상층 인물이 스스로를 '화탁'이라고 불렀다. 여기에서는 천산남로(天山南路)의 위구르족 봉건 군주였던 마한목특(瑪罕木特)의 두 아들인 라니도(羅尼都)와 곽집점(霍集占)을 가리킨다.

에서 재료를 취했다. 따라서 만들어진 동전의 구리 색깔이 순수한 붉은 색을 띠므로, 이 동전을 '신강홍전(新疆紅錢)'이라고 부른다. 1980년대 후반에 대만에서는 보절국이 발행한 '건륭통보' 붉은색 동전 한 개가 발견되자, 사람들은 이상하게 여기고 있다.

가경(嘉慶)·도광(道光) 시기(1796~1851년)에는 청 왕조가 쇄약해지기 시작했는데, 이는 당시 화폐를 주조한 데에도 충분히 반영되었다. '가경통보(嘉慶通寶)'의 앞면에는 여전히 송체자(宋體字)[90]를 사용했고, 뒷면에는 만주 문자로 주전국 이름을 새겼다. 이는 비교적 일정한 규격에 따라 제작한 동전으로, 직경은 약 2.6센티미터, 무게는 4그램 정도지만, 대부분의 동전은 노력과 재료를 적게 들여 만들었기 때문에, 완성품은 가볍고 얇으면서 조잡하고, 문자는 또렷하지 않다. 따라서 심지어 1천 전(錢)이 4근(斤 : 원래는 6근 4냥이어야 함)에도 못 미쳐서, 민간에서는 이를 일컬어 '국사(局私)'[91]전(錢)이라고 했다.

도광 연간(1820~1851년)에 대량의 아편이 불법적으로 수입되었기 때문에, 은이 대량으로 외국에 유출되자, 중국 경제는 엄중한 타격을 받았다. 아편전쟁이 발발한 후, 은 가격이 두 배로 폭등하여 각지의 주전국들이 심각한 적자를 냈기 때문에, 잇따라 화폐 주조의 중단을 주청(奏

---

90 송체자(宋體字) : 송체란, 인쇄술에 적응하여 출현한 한자 서체이다. 필획의 굵기에 변화가 있는데, 일반적으로 가로획이 가늘고 세로획이 굵으며, 획의 끝에는 장식 부분, 즉 자각(字脚 : 가로획의 끝 부분을 위 혹은 아래로 약간 꺾는 부분) 혹은 친선(襯線 : 세로획의 끝 부분에 장식을 위해 좌우로 약간 튀어나오게 한 부분)을 가리키며, 영어로 serif라 한다)이 있다. 또 점·별(撇 : 왼쪽으로 삐친 획)·날(捺 : 오른쪽으로 삐친 획)·구(鉤 : 갈고리 모양의 획) 등 필획의 끝이 뾰족하고, 친선이 있는 글자체이다. 이 서체는 흔히 서적·잡지·신문 인쇄의 본문 조판에 사용한다.
91 국사(局私) : 이 말은 '횡령한 금액'이라는 뜻으로, 주전국에서 정해진 양보다 재료를 적게 사용하여 동전을 만들었기 때문에 붙여진 이름이다.

請)했으며, 소수의 주전국들만 가까스로 지탱할 뿐이었다. 조정에서는 거듭하여 각 성(省)들에 평소대로 화폐를 발행하라고 통지했지만, 대다수의 주전국들은 재개했다가 곧 중단했다. 이러한 배경 하에서, 주전국들이 화폐를 주조하면서 재료를 규정보다 적게 사용하는 현상은 매우 심각해져, 정부에서 관할하는 주전국들은 화폐를 주조할 때 납을 섞었으므로, 동(銅)의 질이 보편적으로 떨어졌으며, 화폐 제작도 역시 나날이 경박해져 갔다.

함풍(咸豊) 황제는 11년 동안 재위했는데, 이 시기는 아편전쟁 및 태평천국의 난이라는 외우내환으로 인해 정부의 정책과 법령이 통하지 않게

▲ 가경통보(嘉慶通寶)

되었고, 경제는 더욱 악화하자, 청나라 정부는 화폐 발행 업무를 규범에 맞출 겨를이 없었다. 그리하여 각지의 주전국들은 화폐 발행을 각자 처리함으로써, 갖가지 형태의 함풍 화폐의 종류가 결국 수천 가지나 되자, 그 판별이 복잡하여, 각 조(朝 : 황제의 재위 기간)를 앞에 붙인다. 당시 관직에 있던 학자인 황균재(黃鈞宰)가 한번은 출장길에 청강(清江)[92]을 건너

92 청강(清江) : 장강(長江)의 1급 지류로서, 옛날에는 이수(夷水)라고 불렀다. 물이 맑

다가, "수레가 덜컹덜컹 소리를 내며 오는 소리가 들려" 쳐다보니, 수레 가득 온통 함풍 평전(平錢 : 83쪽 각주 43 참조)이 실려 있었다. 그래서 물었다. "이렇게 많은 동전을 싣고 가서 무엇을 만듭니까?" 답 : "동전을 만들지요." 문 : "어째서 동전으로 동전을 만듭니까?" 답 : "군사비가 부족하고, 관부의 비용도 나올 데가 없어, 평전을 녹여 새로 당십대전(當十大錢)[93]을 만들면, 공임을 제외하고 계산해도 10의 4~5는 이득을 볼 수 있는데, 무엇 때문에 안 만들겠습니까?" 이와 같이 갑자기 너도나도 앞 다투어 도처에서 대전(大錢)을 발행하자, 그 해에 대전은 화폐가치가 4~5할로 하락했다. 그리하여 이 화폐를 발행한 지 5개월 후에는 발행을 중단할 수밖에 없었다.

당십대전은 광서(光緖 : 1875~1908년) 말년까지 줄곧 사용되었는데, 고작 평전 2문(文)에 해당했지만, 대전 한 개의 동(銅)으로 다시 적어도 3~4개의 평전을 만들 수 있었다. 함풍 5년 겨울에, 황균재가 다시 청강을 지날 때, "또 수레가 덜컹거리며 오는 소리가 들려서" 쳐다보니, 수레에 함풍 대전(大錢)이 가득 실려 있었다. 그래서 물었다. "이렇게 많은 돈을 가져다 무엇을 만듭니까?" 답 : "돈을 만들지요?" 문 : "어째서 대전으로 돈을 만듭니까?" 답 : "지금 대전은 아무 가치가 없어져, 액면가 10

___

고 깨끗하며 깊이가 10장(丈 : 1장은 10척으로, 약 3.3미터에 해당, 여기서는 매우 깊다는 뜻)이나 되는데, 사람들이 그 맑음을 보았기 때문에 붙여진 이름이다.

93 당십대전(當十大錢) : '대전'은 청나라 함풍(咸豊) 연간에 만든 품질이 낮은 동철(銅鐵) 합금 동전이다. 청나라 정부는 태평천국의 난을 진압하는 기간에 화폐를 주조할 구리와 납 원료가 부족했고, 귀금속으로서의 은 통화도 매우 부족했기 때문에, 군비(軍費)를 마련하기 위해 보초지폐(寶鈔紙幣)를 발행함과 동시에, 1853년부터 동철대전을 발행하기 시작했다. 이 화폐의 액면은 매우 컸으므로, 주조하여 남긴 이익도 매우 컸다.

▲ 함풍원보(咸豊元寶)

문의 대전은 고작 1~2문의 가치밖에 없습니다. 지금 대전을 녹여서 새로 돈(즉 평전)을 만들면, 크기도 작아질 뿐 아니라, 납을 섞을 수도 있으니, 공임을 제하고도 한 개의 대전으로는 3~4개의 동전을 만들 수 있는데, 어찌 새로 돈을 만들지 않겠습니까?" 당시 화폐의 액면 가치는 복잡했으며, 큰 액수의 돈이 많았다. 전국 29곳의 주전국에서 발행한 함풍전(咸豊錢)들은 그 종류가 통틀어 소평(小平)·당이(當二)·당사(當四) 등 16종이나 되었다. 당연히 종류가 매우 많은 대전들이 대량으로 쏟아져 나온 것은, 단지 통치자가 후환을 고려하지 않고 눈앞의 위기를 모면하기 위해 임시방편으로 처방한 응급 진통제였을 뿐, 결코 아무 도움이 되지 않았다. 화폐제도가 이처럼 혼란해지자, 경제가 붕괴하고 정치 구조가 변경되는 조짐이 나타났는데, 이는 필연적인 추세였다.

최초의 동원(銅元)[94]

광서(光緖) 11년(1885년)에 민절총독(閩浙總督)[95] 양창준(楊昌浚)이 조정에 상주(上奏)하여, 복건(福建)에 주전로(鑄錢爐)를 열어 화폐를 발행하도록, 전법(錢法 : 화폐법)을 융통성 있게 운용해 달라고 요청했다. 상주문에서 그 이유를 말하기를, 일찍이 동치(同治) 4년(1865년)에 전(前) 민절총독인 좌종당(左宗棠)이 기선(汽船)을 만들 것을 주청하였는데, 기선을 만들 기계를 구매한 이후로는 그 기계들로 돈도 주조할 수 있었지만, 당시에는 배를 만드는 데 바빠 화폐 주조까지 고려할 겨를이 없었기 때문이었다고 했다. 당시 조선소에 작업실이 아직 많았음을 감안하면, 따로 건물을 지을 필요가 없이, 주전로를 추가로 설치하기만 하고, 일부 장인(匠人)들을 교육하여 외국으로 보내 조선(造船) 재료를 구입하는 김에 동시에 구리와 납을 구입할 수 있었던 데다, 조선소 인부들 가운데 화학과 수학을 아는 많은 인재들이 화폐 발행을 감독할 수 있었으므로, 화폐를 발행할 조건은 갖추어져 있었다. 상주문에서는, 구리와 납 각 100근씩을 주전로에 넣으면 새로 만든 화폐와 비슷하다고 말하고 있다. 이 때 동전 한 개의 무게는 8푼(分) 5리(厘)이다. 동전의 형태는 윤곽이 '개원통보(開元通寶)'와 유사한데, 직경은 비록 약간 작지만, 두께는 오히려 약간

---

94 동원(銅元) : 청나라 말엽과 민국(民國) 초기 이래 발행한 각종 신식 동전을 통틀어 일컫는 명칭이다. 속칭 동판(銅板)이라고도 한다. 이는 중국 근대 화폐 체계의 중요한 구성 요소로서, 광서 26년(1900년)에 탄생했는데, 가운데에 네모난 구멍이 있던 역대 화폐와는 달리 구멍이 없다. 홍콩의 동전 보조화폐를 모방하여 만들었다고 한다.

95 민절총독(閩浙總督) : 청나라 때 복건성(福建省)과 절강성(浙江省)을 관할하던 지방 장관이다.

두껍다. 이 상주문은 후에 조정으로부터 승인을 받았다.

광서(光緒) 34년 10월(1908년)에 광서황제가 병으로 세상을 떠났고, 이후 어느 날(1908년 11월 15일-옮긴이) 자희태후(慈禧太后 : '서태후'라고도 부른다)도 병으로 세상을 떠나자, 순친왕(醇親王)의 아들 부의(溥儀)가 제위를 이어받고, 연호를 선통(宣統)으로 고쳤는데, 이는 중국 역사에서 봉건 사회의 마지막 황제이다.

선통 연간(1909~1911년)에 전국의 각 성(省)들은 거의 대부분이 화폐 발행을 중단하고, 단지 보천국(寶泉局)에서 한 종류의 무게 1돈[錢]짜리 '선통통보(宣統通寶)' 소평전만을 발행했으며, 수량도 많지 않았는데, 대전(大錢)과 소전(小

▲ 선통은폐(宣統銀幣)

錢) 두 종류가 있다. '선통통보'는 중국 봉건 사회 마지막 왕조의 마지막 황제가 발행한 마지막 방공원전(方孔圓錢 : 네모난 구멍이 있는 둥근 동전)이다. 방공원전의 발행은 진시황이 육국(六國)을 통일하고 나서 '반냥전(半兩錢)'을 발행한 이후 '선통통보'로 끝맺을 때까지, 2천여 년의 세월을 이어왔는데, 방공원전은 결국 무공원전(無孔圓錢 : 구멍이 없고 둥근 화폐)에 의해 대체되었다.

▲ 광서원보(光緒元寶)

  광서 26년(1900년)에 광동(廣東)에서 '광서동원(光緒銅元)'이라는 당십
동원(當十銅元)을 주조했는데, 이는 중국의 기계로 제작한 동원의 효시
가 되었다. 기계로 제조한 동원은 품질이 균일하고, 도안이 정교하며 아
름다웠고, 또한 시장에서 크게 환영을 받았기 때문에, 각지에서 다투어
따라하여, 잇달아 공장을 짓고 화폐를 제조했다. 이후 기계로 제조한 화
폐가 점차 '방공원전'을 대체하면서, 유통 영역에서 주요 화폐가 되었다.
구멍이 없는 동원은 하나의 무게가 2돈[錢]이다. 앞면에는 '光緒元寶(광
서원보)'라는 네 글자가 있고, 가운데에는 만주 문자로 '寶廠(보창)'이라는
두 글자를 넣었다. 주권(珠圈)[96]의 위쪽 고리에는 '廣東省造(광동성조 : 광
동성에서 제조함)'라고 되어 있고, 아래쪽 고리에는 '每百枚換一圓(매백매환
일원 : 100개로 1원과 교환함)'이라는 여섯 글자가 있다. 뒷면에는 비룡(飛龍)

---

96 주권(珠圈) : 동그란 점들을 연결하여 만들어진 원을 가리킨다.

이 그려져 있고, 주권의 위쪽 고리에는 영문으로 'KWANG-TUNG', 아래쪽 고리에는 'ONE CENT'라고 되어 있다. 광서 31년(1905년)까지, 광서원보 동원에는 1문(文)·2문·5문 등의 액면이 있었다. 이들 세 종류의 화폐는 매우 적게 발행했는데, 가장 널리 유통된 것은 당십동원이다. 이 당십동원은 발행한 총액의 대략 90% 이상을 차지했으며, 그 다음이 당이십동원이다. 광동에서 동원을 제조할 준비를 함과 동시에, 조정에서는 북경에 중앙 조폐창을 설립하기로 계획하고, 경국(京局 : 청나라 때의 화폐 발행기관인 보천국과 보원국을 가리키는 말)에서 화폐를 계량하도록 추진할 것을 계획하고 있었는데, 애석하게도 그것은 단지 몇 개월만 존재하다가 팔국연합군(八國聯合軍)에 의해 불태워졌다.

한 가지 밝혀둘 만한 것으로는, 1899년에 중국에서는 은폐(銀幣 : 은화)의 기중단위(記重單位 : 중량을 기록하는 단위)에 관한 논쟁이 한바탕 벌어졌다. 한쪽에서는 은폐는 세계적으로 통용되는 기준에 따라 7돈[錢] 2푼[分]을 무게로 하는 원(元)·각(角 : 元의 10분의 1) 환산제를 채용할 것을 주장했고, 다른 한쪽에서는 전통적인 은냥제(銀兩制), 즉 1원(元)의 은폐는 1냥(兩)의 무게로 할 것을 주장하여, 두 주장이 팽팽하게 맞섰다. 광서 31년(1905년)에 청나라 정부는 전국 24개 독무(督撫 : 각 성의 행정·군사 최고장관)에게 '냥(兩)·원(元)' 문제에 대해 폭넓게 의견을 구하기로 결정했다. 청나라 정부의 최고 통치자인 자희태후가 처음에는 후자의 주장에 기울어 있어, '은냥파'가 매우 빠르게 세력을 얻었다. 이로 인해 각지에서 계속해서 1냥짜리 은폐가 출현했지만, '냥'으로 된 은폐는 결코 실용적이지 않았고, 유통이 매우 불편했으며, 정부의 적자 현상이 매우 심각해지자, 시중에서 급속히 원성이 자자해지고, 민중들이 강렬하게 배

▲ 봉천일냥(奉天一兩)

척함으로써, '냥'으로 된 은화는 어쩔 수 없이 발행을 중단했다. 당시의 1냥짜리 은화 한 개는, 오늘날의 화폐 시장에서는 일반적으로 판매가격이 5천 위안(元 : 우리 돈 85만 원 정도) 정도이다. 1991년에 미국 캘리포니아 비버리힐즈에서 열린 화폐 경매에서, 세간에서 매우 보기 드문 '봉천일냥(奉天一兩)' 은폐 한 개가 뜻밖에도 18만 7천 달러에 낙찰되었다. 1994년 6월에 있었던 홍콩의 화폐 경매에서는 북양(北洋) '광서일냥(光緒一兩)'[97]과 길림(吉林) '무신일냥(戊申一兩)'[98]도 각각 3만 달러와 1만 3천 달

---

97 북양(北洋) 광서일냥(光緒一兩) : 북양 정부의 은원국(銀元局)에서 발행한 은폐로, 앞면에는 '光緒銀幣(광서은폐)'라는 글자와 함께 테두리를 따라 도안화된 비룡 두 마리가 새겨져 있고, 뒷면에는 가운데에 '一兩(일냥)'이라는 글자 주위에 사실적인 비룡 두 마리가 새겨져 있다.

98 길림(吉林) 무신일냥(戊申一兩) : 길림성에서 만든 1냥짜리 은폐로, 앞면 한가운데에 '吉'자가 있고, 뒷면에는 한 마리의 비룡이 새겨져 있다.

러에 낙찰되었다.

1906년에 광서원보(光緖元寶) 은원(銀元)은 거의 발행을 중단하고, 중앙에서의 화폐 주조는 기본적으로 대청은폐(大淸銀幣) 체제로 들어섰다. 예를 들어 1906년에 발행한 호부중자대청은폐(戶部中字大淸銀幣)[99]의 경우, 은냥제에 따라 무게를 재어 만든 1냥짜리부터 5푼짜리까지 모두 6종이 있는데, 1냥짜리가 가장 보기 드물다. 그 후, 또 광서(光緖) 연간에 발행한 정미대청은폐(丁未大淸銀幣), 선통(宣統) 연간에 발행한 선통연조대청은폐(宣統年造大淸銀幣)와 선통삼년대청은폐(宣統三年大淸銀幣)도 있다. 선통삼년대청은폐 1원(元)은 은폐의 뒷면에 새겨진 반룡(蟠龍 : 몸을 서리고 있는 용)의 형태에 따라 각종 판별(版別)을 구분하는데, 그 중 곡수룡(曲須龍 : 구불구불한 수염이 달린 용)은 가장 보편적이고 가장 흔히 볼 수 있는 판별이다. 만약 용의 수염이 특별히 길거나 매우 짧은 것, 혹은 용의 꼬리가 큰 것이나 용의 꼬리가 반대로 오른쪽을 향해 있는 품종을 발견한다면, 최상품이라고 부를 만하다.

은본위제 하에서 보조화폐의 변천

청나라 말기의 화폐제도 개혁은 성공적으로 중국 화폐를 전통적 은

---

99 호부중자대청은폐(戶部中字大淸銀幣) : 청나라 말기에 호부(戶部)에서 발행한 은폐로, 앞면의 한가운데에는 볼록한 원 안에 음각으로 '中'자를 새겨 놓았고, 그 원의 바깥쪽에는 주권(珠圈)이 있는데, 주권의 안쪽에는 '大淸銀幣(대청은폐)'라는 네 글자를 직독(直讀)하도록 양각해 놓았고, 주권의 바깥쪽 좌우에 '戶部' 두 글자가 양각되어 있다. 1냥짜리의 경우, 주권의 바깥쪽 밑에는 '壹兩(일냥)'이라는 두 글자가 양각되어 있고, 위쪽에는 좌우에 발행 연도가 60갑자로 표기되어 있다. 그리고 맨 바깥쪽에는 빗살무늬가 새겨진 넓은 테두리가 있다.

▲ 광서원보(光緒元寶)

냥제로부터 은원본위제(銀元本位制)로 편입시켰다. 동그란 모양에 네모
난 구멍이 있는 전통적인 동전은 형상이 너무 다양하고, 품질의 좋고 나
쁨을 구분하기 어려워, 궁지에 몰려 있었기 때문에, 새로운 형태의 본위
보조화폐를 찾는 것은 청나라 정부가 절박하게 해결해야 할 문제가 되
어 있었다. 그리하여 외국의 은화 형식을 모방하여 엽전의 본질을 보존
하는 동원(銅元)을 발행하는 것이 거의 유일한 선택이 되었다.

처음 동원을 발행할 때, '홍콩동선(香港銅仙)'[100]의 형태와 제도를 모방
하여 만들었으며, 또한 '선(仙 : 센트)'을 계산 단위로 삼았고, 가운데 구멍
을 없앴다. 후에 자체적으로 발행하게 되면서, 중국 동전의 관습대로 계
산 단위를 '센트'에서 '문(文)'으로 바꾸었다. 그리하여 동원이 형식상으로

---

100 홍콩동선(香港銅仙) : 당시 홍콩의 본위화폐는 은으로 만든 달러[元]였으며, 보조
화폐는 동으로 만든 센트[仙]이었는데, 이 보조화폐를 가리킨다.

는 비록 변했다고 할 수 있지만, 실질적으로는 결코 동전 체계를 벗어나지 않았다. 또 그것은 '동전 10문에 해당하는 것'으로 가치를 계산한 것이지만, 은냥(銀兩)과 은원(銀元) 사이에 고정된 환율은 없었다.

▲ 광서원보(光緒元寶)

당시 광동(廣東)에서는 새로운 형태의 구멍이 없는 '광서원보(光緒元寶)' 동원을 시험 삼아 발행했는데, 처음 주조할 때는 아직 청나라 정부의 비준을 얻지 못했기 때문에 널리 보급되지 못하고, 단지 광동 한 지역에서만 시험적으로 시행되었다. 처음에 발행한 동원은 품질이 안정되고, 모양이 참신하며, 도안이 정교하고 아름다운 데다, 무게가 적당하여 휴대하기에 편리하여, 폭넓게 상인과 일반 백성들이 즐겨 사용했으므로, 화폐의 사적 주조에 효과적으로 타격을 가했다. 또 다른 측면에서, 동원의 초기 발행 단계에서는, 수량이 적었기 때문에 시중 가치가 의외로 그 자체의 가격을 초과했다. 원래 은원(銀元) 1원(元)은 동원 100개에 해당한다고 정했지만, 실제로는 단지 80~90개밖에 교환할 수 없었다. 동원 100개는 원가가 은 4돈[錢] 정도였으므로, 동원을 주조하여 거의 곱의 이윤이 났기 때문에, 다른 성(省)들도 동원을 주조하는 것이 재원을 마련하는 첩경이라고 여겨, 잇달아 나쁜 일인 줄 알면서도 따라하자, 동원의 발행량은 각지에서 급속히 팽창했다.

청대(淸代) 동원의 갖가지 액면은 매우 다양했는데, 일반적으로 가장 흔히 보이는 것은 동전 10문에 해당하는 것, 즉 당십동원(當十銅元), 다시 말하면 이른바 단동원(單銅元)이다. 당이십(當二十)짜리, 즉 쌍동원(雙銅元)도 비교적 많다. 그리고 당오(當五) 이하의 것은 비교적 적은데, 주조 원가의 측면에서 말하자면, 동원의 액면이 낮을수록 원가는 상대적으로 높았으므로, 예를 들면 '광서원보' 광동10문(廣東十文)짜리는 매우 흔하지만, 5문짜리는 오히려 매우 보기 드물다. 그러나 또한 결코 전부 다 이와 같지는 않았는데, 예를 들면 광서성에서 시험 삼아 주조한 '광서원보' 10문짜리 동원의 경우 그 형식은 각 성의 주전국들에서 발행한 것과 유사하지만, 희귀하기 때문에 결국 볼 수는 있어도 구할 수는 없는 진기한 물건이 되었다.

동원의 형태는 대다수가 원형에 구멍이 없는 것을 표준 모델로 삼았지만, 소량은 동전 모양으로 만들어진 것도 있는데, 이것은 정부 안에 일부 수구파가 새로운 화폐제도의 추진에 대해 간섭하고 방해한 것과 관계가 있다. 동원에 있는 용문(龍紋)은 동원의 판별(版別)을 구별하는 가장 중요한 지표이다. 일본에는 저명한 학자인 아키토모 아키(秋友晃) 선생이 있는데, 그는 중국 동원을 수장하고 있는 전문가이다. 그는 30여 년 동안이나 고심하며 중국 동원을 찾아다녔으며, 수장품이 1만 점이 넘는다. 그는 자신의 저서인 『중국동원목록(中國銅元目錄)』에서 각종 동원의 뒷면에 있는 용문을 매우 세밀하게 분류하고 있는데, 모두 108가지로 분류했다.

옛날에는 동원을 주조하는 강철 거푸집은 원형(原形) 거푸집과 작업용 거푸집의 구분이 없었고, 단지 작업용 거푸집을 통해 직접 동원을 생산했으며, 또한 모두 손으로 조각했다. 하나의 작업용 거푸집은 그 수명이 2만 개 정도의 동원을 주조할 수 있었다. 조폐창이 장기적으로 대량의 동원을 주조하는 데에는 대량의 작업용 강철 거푸집이 필요했는데, 조각가가 하나하나의 강철 거푸집 도안을 완전히 똑같게 만들 수는 없었으므로, 같은 종류의 동원도 거기에 새겨진 용의 몸통에 있는 비늘·발톱·꼬리의 무늬 및 측면에 있는 운문(雲紋)으로도 왕왕 다양한 종류의 판별을 구분해 낼 수 있다.

1911년에 신해혁명(辛亥革命)이 성공하여 청나라가 멸망하자, 2천여 년 동안 이어져 왔던 중국의 봉건 군주 전제제도는 이 때에 이르러 수명을 다하고 소멸되었다. 1912년 1월, '중화민국(中華民國)' 임시정부가 남경(南京)에서 수립되고, 손중산(孫中山 : '중산'은 손문의 호) 선생이 임시 대총통(大總統)에 취임했다. 당시 민국 정부는 재정부(財政府)를 건립하고, 원래의 강남조폐창(江南造幣廠)을 접수하여 관할했으며, 새로운 화폐를 발행하기 시작했다.

민국 건립 후, 동원은 계속 대량으로 발행되어 유통되었는데, 가장 큰 차이는 바로 제왕의 색채가 농후한 용 문양이 벼 이삭으로 이루어진 가화문(嘉禾紋)[101]으로 바뀌었다는 점이다. 가장 먼저 가화문을 동원에 사용한 것은 개국 기념 화폐이다. 민국 건립 초기에는 각지에서 모두 민국 수립을 기념하는 기념 화폐를 발행했는데, 그 가운데 천진조폐창(天

---

101 가화문(嘉禾紋) : 낱알이 많이 달린 벼 이삭 문양을 가리키며, 경사스러움을 상징한다.

▲ '중화민국' 개국 기념 화폐

津造幣廠)에서 주조한 개국 기념 화폐가 가장 많다. 이 화폐는 세 가지 액면이 있는데, 그 가운데 액면 5문짜리는 가장 보기 힘들다. 액면 20문 짜리는 감숙판(甘肅版)과 천진판(天津版)으로 나뉜다.

액면 10문짜리 동원이 가장 흔한데, 그 품종의 형상은 대단히 번잡 하지만, 대체로 크게 두 가지로 구분할 수 있다. 한 가지는 앞면에 쌍기 (雙旗 : 두 개의 깃발이 교차되어 있는 형태)가 있고, 뒷면에는 가화도(嘉禾圖) 와 영문으로 "THE REPUBLIC OF CHINA, TEN CASH"라고 새겨 져 있는 것이며, 쌍기의 바깥쪽은 또한 주권(珠圈)이 있는 것과 없는 것 으로 나뉜다. 다른 한 가지는 뒷면에 가화도와 연엽문(連葉紋 : 여러 개의 잎사귀들이 이어져 있는 문양)이 있는 것으로, 연엽문은 일반적으로 시계바 늘 반대 방향으로 배열되어 있다(잎사귀의 끝부분이 오른쪽을 향하고 있다는 의미—옮긴이). 만약 시계바늘 방향으로 배열된 것을 본다면 이것은 '반화

(反花 : 거꾸로 된 무늬)'이며, 수량이 비교적 적다. 당시 시장에서의 화폐 유통은 혼란스러워, 다양한 종류의 은폐들이 뒤섞여 사용되었는데, 그 중에는 멕시코·일본 등 여러 나라의 외국 화폐뿐 아니라, 청나라 때 발행된 각종 원보(元寶)도 있었다. 이렇게 종류가 복잡하고 품질도 일정하지 않아, 시장에서의 가치가 수시로 변했다.

1914년 2월, 민국 정부는 새롭게 화폐제도를 개혁하기 위해 시동을 걸고, 〈국폐조례(國幣條例)〉와 그 〈시행세칙〉을 반포했다. 〈국폐조례〉의 시행은 화폐제도를 형식적으로는 잠시 통일시켰다. 1914년 12월, 재정부의 천진조폐총창은 최초로 신판(新版) 은폐를 발행했는데, 그 앞면에는 원세개(袁世凱)의 측면 두상(頭像)과 발행 연호(年號)를 새겼

▲ 원세개상(袁世凱像) 공화기념폐(共和紀念幣)

고, 뒷면에는 가화문과 액면을 새겨, 속칭 '원두폐(袁頭幣)'라고 부른다. 원세개의 두상이 새겨진 은폐는 액면이 1원(壹圓), 중원(中圓 : 5각), 2각(貳角), 1각(壹角) 등 네 종류가 있다. 이 은폐는 형식이 통일되었고, 품질과 무게가 엄격히 규정되었기 때문에, 매우 신속하게 사회적으로 인정받고 받아들여지면서, 국내 금융시장에서 차츰 청나라의 용양(龍洋 : 용의

▲ 원세개상 은폐(銀幣)

형상이 새겨져 있는 1원짜리 은폐)을 대체하여, 유통 영역에서의 주요 화폐

가 되었다. 원세개의 두상이 새겨진 1원짜리 은폐의 앞면 도안은 원세개

의 측면상이며, 그 위쪽에는 연도를 '中華民國○年'이라는 문구로 넣었

고, 뒷면 도안은 두 포기의 가화(嘉禾) 문양이며, 가운데에는 '壹圓(일원)'

이라는 액면 문구를 새겨 넣었다. 이 은폐는 화폐 모양이 통일되고, 디

자인이 완전히 새로운 데다, 중량과 품질이 정확하고, 식별이 쉬웠기 때

문에, 매우 빨리 각지에 보급되었다. 그리하여 1914년부터 1921년 사이

에, 점차 각종 외국의 은폐들을 밀어내고, 당시 중국의 유통 영역에서

가장 중요한 화폐가 되었다.

중국 화폐박물관

8. 소수민족의 화폐

중국은 통일된 다민족 국가로, 모두 56개 민족들이 있다. 한족(漢族) 인구가 매우 많기 때문에, 관습적으로 나머지 55개 민족을 소수민족이라고 부른다. 중국 민족의 분포는 집중되어 있으면서도 분산되어 있는데, 대다수는 뒤섞여 살고 있고, 소수는 모여 살고 있는 교착적인 분포가 특징이다. 한족이 분포한 지역은 전국에 골고루 퍼져 있는데, 주로 황하(黃河)·장강(長江)·주강(珠江)[102]의 3대 유역과 송요(松遼) 평원[103]에 집중되어 있으며, 나머지는 각지에 분산되어 있어, 각 민족들과 함께 뒤섞여 살고 있다.

소수민족은 주로 동북·서북·서남 변경 지역에 모여 살고 있으며, 나머지는 전국 각지에 분산되어 있다. 한족과 각 소수민족들은 모여 살고 있으면서도 뒤섞여 살고 있어, 각 민족들 간의 문화 교류와 상호 학습을 촉진하고 있으며, 상호 의존하면서 밀접하게 불가분의 관계를 이루고 있다.

---

102 주강(珠江) : 중국에서 네 번째 큰 강으로, 월강(粤江)이라고도 부른다. 해주도(海珠島)를 통과하기 때문에 붙여진 이름이다.

103 송요(松遼) 평원 : 중국 최대의 평원으로, 동북(東北) 평원을 가리킨다. 면적은 35만 평방킬로미터이며, 요녕·길림·흑룡강 등 3개 성(省)과 내몽골 일부를 포괄한다. 이 평원은 세 부분으로 구성되어 있는데, 북부는 송눈(松嫩) 평원, 남부는 요하(遼河) 평원, 동북부는 삼강(三江) 평원이다.

민족 화폐는 바로 멀리 떨어진 국경 지대의 소수민족 자신들이 스스로 발행한 것으로, 기본적으로 그 지역에서 사용하여 유통되는 화폐이다. 소수민족은 인구가 비교적 적고, 지리적으로 외지기 때문에, 화폐 유통 범위가 자연히 제한적이었으며, 발행량도 일반적으로 대부분이 많지 않았다. 그리고 또한 발행한 기간도 그다지 길지 않았으며, 어떤 민족은 그 민족의 문자나 혹은 한자와 함께 섞어서 주조한 화폐를 사용하기도 했는데, 이는 매우 보기 드문 진귀한 품종이다.

신강(新疆) 및 그 주변의 고화폐(古貨幣)

우전(于闐)의 한문전(漢文錢)

동한(東漢) 명제 때(서기 58년), 우전[지금의 화전(和田)] 지역의 광덕왕(廣德王)은 총령(葱嶺)[104] 이동(以東)의 13개 소국들을 겸병하여, 사주지로(絲綢之路 : 실크로드) 남도(南道)[105]의 지방 세력이 되었다. 19세기 말부터 20세기 초까지, 우전의 유적지에서 직사각형 구멍이 있는 7개의 원형 화

---

104 총령(葱嶺) : 파미르 고원(Pamirs)을 일컫는 말로, 중국에서는 옛날에 불주산(不周山)이라고도 불렀으며, 실크로드가 이 곳을 통과한다.

105 사주지로(絲綢之路) 남도(南道) : 사주지로, 즉 실크로드에는 남도와 북도 및 중도(中道)가 있는데, 남도는 우전도(于闐道)라고도 부른다. 곤륜산(昆侖山) 북쪽 기슭과 타클라마칸 사막 남쪽 가장자리 사이를 통과하는 길을 가리킨다. 동쪽으로는 양관(陽關 : 지금의 돈황 서남쪽에 해당)에서 출발하여, 백룡퇴(白龍堆) 사막 남쪽 가장자리를 거쳐 선선[鄯善 : 옛날의 누란(樓蘭), 지금의 약강(若羌) 북쪽]에 이르는데, 여기에서부터 서쪽으로 차말(且末)·정절[精絕 : 지금의 민풍(民豊) 북쪽]·우미[扜彌 : 지금의 우전(于田) 동쪽]·우전(于闐)·사차(莎車) 등지를 거친 다음, 총령을 넘어, 서쪽으로 대월지(大月氏 : 지금의 아프가니스탄)·안식(安息 : 지금의 이란)으로 가거나, 혹은 남쪽으로 신독(身毒 : 지금의 인도)으로 간다.

폐[6개는 현재 영국의 영국박물관(British Museum)에 소장되어 있고, 1개는 스웨덴의 스톡홀름 인류문화학박물관에 소장되어 있다]가 출토되었는데, 전문(錢文)은 한문 전서(篆書)로 쓴 '于元'-즉 우전(于闐)의 원전(元錢)이라는 뜻-이라는 두 글자로 되어 있고, 무게는 1.75~3.9그램 사이인데, 가장 작은 것 하나는 무게가 1.2그램이다. 이것은 신강의 먼 변경 지대의 소수민족이 발행한, 지금까지 발견한 것 중 가장 오래된 지방 화폐이다. 한나라의 전서는, 한족 문화가 한나라 이전(25~220년)에 소수민족 지역에 큰 영향을 미쳤다는 것을 말해 준다.

한거이체전[漢佉二體錢 : 화전마전(和田馬錢)]

이 화폐는 원형이며 구멍이 없고, 한쪽 면은 전서체의 한문이고, 다른 한쪽 면의 가운데에는 한 필의 말이나 한 필의 낙타가 있으며, 그 주위에는 거로문(佉盧文)[106]으로 한 바퀴 둘러져 있는데, 중국어로 번역하면 "大王矩伽羅某王中之王(대왕 구가라모는 왕 중의 왕이다)"이라는 뜻이다. 여기에서 '矩伽羅(구가라)'는 왕족의 성(姓)이며, '某(모)'는 왕의 이름이다. 뒷면에는 한문으로 '六銖錢(육수전)'이라고 새겨져 있다. 화폐에 말(혹은 낙타)이 새겨져 있고, 또 화전[和田 : 옛날 우전(于闐)] 일대에서 많이 출토되기 때문에, 속칭 화전마전(和田馬錢)이라고도 한다. 여순박물관(旅順

---

106 거로문(佉盧文) : 이 문자는 대략 인도의 바라미(Brahmi) 문자와 거의 비슷한 시기에 출현했지만, 바라미 문자는 인도와 동남아시아의 수많은 문자 속에 파생되어 있는 데 반해, 거로문은 어떤 문자에도 이어지지 않은 채 바라미 문자로 대체되었다. 그렇지만 거로문이 사용되던 때는 바로 불교가 발전하던 시기여서, 수많은 불경들이 거로문으로 기록되었으며, 또한 실크로드를 통해 중앙아시아와 중국 서부로 유입되었다.

博物館)에는 11개의 화전마전이 수장
되어 있는데, 두 종류가 있다. 한 가
지는 직경이 1.7~2.2센티미터이고,
무게가 2.08~5.13그램으로, 대부
분 3~4그램 정도이다. 다른 한 가지
는 직경이 2.4센티미터이고, 무게는
14.14그램이다. 그 동전의 앞면에 있
는 그림과 문자는 위에 소개한 것과
같으며, 뒷면에는 하나의 도형이 있
고, 그 둘레에는 한문으로 "銅錢重

▲ 화전마전(和田馬錢)

卄四銖(동전중입사수 : 동전의 무게는 24수)"라고 되어 있다. 화전마전은 타
압법(打壓法 : 압력을 가하여 찍어 내는 방법)으로 만들어졌는데, 그것이 발
행된 시기는 서기 175년에 우전의 왕 안국(安國)이 구미(拘彌)[107]를 무너

▲ 한거이체전(漢佉二體錢) (동한)

107 구미(拘彌) : 고대 서역 국가들 중 하나로, 지금의 신장 위구르자치구 우전현(于田
縣) 극리아하(克里雅河) 동쪽에 있었다.

뜨리고, 국력을 크게 떨친 이후일 것이다. 이 화폐는 1874년부터 발견되었으며, 1925년까지 모두 352개가 출토되었는데, 단지 12개만이 중국의 박물관들에 수장되어 있고, 나머지는 영국·인도와 옛 소련에 분산되어 있다. 1898년에 신강 안적이(安迪爾)에서 다시 1개가 출토되어, 현존하는 이체전(二體錢)은 모두 353개인데, 중국 내에는 단지 13개밖에 없어 매우 진귀하다.

한구이체전(漢龜二體錢)

1928년 이래, 신강의 고차(庫車 : 쿠처)를 중심으로 하는 지역에서, 네모난 구멍이 있는 둥근 모양의 홍동(紅銅 : 즉 순동)으로 만든 작은 동전이 끊임없이 발견되고 있는데, 1986년에는 높은 건물 밑에서 1만여 개가 출토되었다. 이 동전들은 세 종류로 나뉘는데, 첫 번째 종류는 동전 앞면의 구멍 오른쪽에는 '五'자, 구멍 왼쪽에는 '銖'자가 있으며, 안팎에 테두리가 있고, 직경은 1.8~2센티미터이며, 무게는 1.6~2그램이다. 두 번째 종류는 수량이 가장 많은데, 뒷면에 '五銖'라고 되어 있고, 어떤 것은 앞뒤 모두에 안팎으로 테두리가 있으며, 어떤 것은 뒷면에 안쪽 테두리가 없고, 직경은 1.3~2센티미터, 무게는 0.9~2.1그램이다. 세 번째 종류는 광배(光背 : 90쪽 참조)이고, 직경이 0.5~0.6센티미터이며, 무게는 1.1그램이다. 이 동전의 앞면에는 구자문(龜玆文)이 있어, '구자오수(龜玆五銖)'라고 부르며, '한구이체전(漢龜二體錢)'이라고도 부르는데, 서기 3~4세기부터 7세기 중엽까지 옛 구자국(龜玆國)의 법정 화폐였다. 고차는 옛날에 구자(龜玆)라고 불렸으며, 중국 역사에서 한(漢)·당(唐) 시기에 서역의 36개 나라들 가운데 큰 나라 중 하나였다. 한·당 시기의 중앙 정부는 대체로 구자를 그 지역의 정치 중심으로 삼았는데, 그 곳은 옛 실크로드 상에 있던 요충지이자, 아시아와 유럽 대륙을 연결하고 교류하는 교량이었으며, 중국과 서양 문화의 합류점이었다. 유구한 역사 문화와 풍부한 인문 유산은, 그 곳을 세상에 널리 알려진 구자 문화의 발상지가 되게 하였다. 한구이체전은 구자와 중국 본토의 문화와 경제가 교류하여

▲ 구자오수전(龜玆五銖錢)

탄생한 산물로, 그것은 사주지로(실크로드) 남도(南道)의 한거이체전과 함께 남북으로 서로 어우러져 운치를 더해 주고 있다.

회골문(回鶻文) 동전

회골(回鶻)은 위구르족의 조상인데, 서주회골(西州回鶻)은 9세기 중엽에 서쪽으로 이주한 회골의 한 지류이다. 위구르족의 조상은 투루판(吐魯番, Turpan)과 북정[北庭 : 지금의 지무싸얼현(吉木薩爾縣)]을 중심으로 건립된 봉건 정권에 참여했으며, 고창회골(高昌回鶻)·아살란회골(阿薩蘭回鶻)이라고도 부르는데, 중원 정권인 요(遼)·송(宋)과 빈번하게 교류했으며, 당나라 개원(開元) 역법(曆法)을 사용했다. 현재 보이는 최초의 회골전(回鶻錢)은 네모난 구멍이 있는 둥근 모양이며, 직경이 2.3센티미터인데, 아래쪽에는 회골문으로 "有名望的·神聖的天可汗[108](명망 있고 신성한 천가칸)"이라고 새겨져 있고, 뒷면에는 "奉王命頒行(왕명을 받들어 반포 시행하

▲ 회골(回鶻) 동전

노라)"이라고 되어 있으며, 동으로 만들었고, 직경은 20밀리미터, 무게는 2.3그램이다. 앞면은 회골문으로 새겨져 있는데, 한문으로 번역하면 "聖命準子通行(황제가 명을 내려 사용을 허락하노라)"이며, 뒷면은 광배인데, 현재 남아 있는 것은 매우 적다. 9세기 중엽에 회골이 고창(高昌 : 지금의 투루판)으로 옮겨갔고, 북정을 하도(夏都)[109]로 삼았는데, 북정은 바로 이 동전이 발견된 지무싸얼(吉木薩爾)이다. 이 화폐가 주조되어 유통된 기간은 당연히 9세기 중엽부터 10세기 상반기까지일 것이다. 고창회골 후기의 동전은 중국의 상해(上海)와 천진(天津)에 각각 한 개씩 있는데, 직경이 2센티미터, 무게가 2.3그램이다. 그 형식은 위에서 언급한 것과 완전

---

108 천가한(天可汗) : 당대(唐代)에 소수민족의 수령들이 당 태종 이세민(李世民)을 부르던 존칭으로, 그 뜻은 '칸(汗) 중의 칸'이다.

109 하도(夏都) : 옛날에는 냉난방 장비가 부족했기 때문에, 기후 조건이 좋은 곳에서 임금이 쾌적하게 생활하도록 하기 위해 여름철 수도와 겨울철 수도를 따로 두었는데, 여름철 수도를 '하도'라 하고, 겨울철 수도를 '동도(冬都)'라 한다.

▲ 회골 동전

히 똑같지만, 단지 뒷면에 문자가 없을 뿐이다.

흑한(黑汗) 왕조의 화폐

흑한 왕조[110]는 객라한(喀喇汗) 왕조라고도 부르는데, '喀喇'는 회골어
로 '검다[黑]'는 의미이다. 흑한 왕조는 대략 10세기 상반기에 건국했으
며, 아라비아 문자를 채용하여 자신들의 언어를 표기하였다. 지금 발견
된 것으로, 아투스(阿圖什)에서 출토된 마사오덕(馬斯烏德 : Mesud, 메수드)
화폐·목한묵덕아이사란한(穆罕黙德阿爾斯蘭汗 : 무함마드 아르슬란 칸) 화
폐와 도화석가한(桃花石可汗) 화폐가 있는데, 이것들은 모두 순동(純銅)

---

110 흑한(黑汗) 왕조 : 중국의 오대십국(五代十國) 말기부터 남송(대략 940~1211년) 때까
   지, 서북 지역에 거주하면서 돌궐어(突厥語)를 사용하던 민족으로, 오늘날의 신강
   과 중앙아시아에 존립한 봉건 정권을 중국의 역사학자들이 일컫던 명칭이다. 원
   래 명칭은 카라칸[Qara(검다) Khanid(칸이 다스리는 나라)] 왕조이다. 오늘날은 일반
   적으로 객라한(喀喇汗) 왕조라고 부른다.

으로 만들었다. 흑한 왕조의 화폐는 『송사(宋史)』에 기록되어 있는데, 원형에 구멍이 없고, 앞뒤 양면에는 찍어 낸 아라비아 문자의 필기체(칼리그라프) 서체가 있었다. 앞면에 있는 문자는 "알라 이외에 다른 신은 없으며, 무함마드는 알라의 사자이다"라는 의미이고, 뒷면에 있는 문자는 "아라비아의 보호자 무함마드 아르슬란 칸(Arslan Khan : 흑한 왕조의 대칸에게 붙이던 호칭 중의 하나)을 찾아라"라는 의미이며, 어떤 것은 뒷면의 문자가 "슐레이만 아르슬란 칸(Süleyman Arslan khan)"이라는 의미인 것도 있다. 이 화폐의 직경은 2.20~3.30센티미터이고, 무게는 2.60~7.95그램이며, 출토된 수량이 비교적 많다. 그리고 발견되는 범위는 타림 분지 남쪽 가장자리의 적지 않은 지역들을 포괄하고 있다.

준갈이 풀(準噶爾普爾, Dzungar pul) 화폐

청나라의 『황여서역도지(皇輿西域圖志)』[111]에서 '풀전(普爾錢, pul錢)'에 대해 다음과 같이 언급하고 있다. "회부(回部 : 회족 지역)는 옛날에 준갈이에 속했는데, 사용하는 풀전은 순동으로 만들었으며, 작지만 두툼하다. 모양은 타원형이지만 대가리가 약간 뾰족하고, 가운데에 네모난 구멍이 없다. 체왕 랍탄(Tsewang Rabtan, 策妄阿剌布坦 : 반란 장수) 시기에는 앞면에 그의 이름을 주조해 넣었고, 뒷면에 회족 문자를 부가했다. 갈단 체렌(Galdan Tseren, 噶爾丹策零)이 그의 뒤를 이어 즉위하자, 곧 이름을 바꾸어 다시 주조하였다. 건륭(乾隆) 24년에 서역이 평정되어 안정되자, 전

---

111 『황여서역도지(皇輿西域圖志)』 : 청나라 건륭제(乾隆帝) 시기에 편찬된 신강(新疆) 지역 지리서이다. 강희제(康熙帝) 이후 시작된 준갈이 제국에 대한 정복전쟁을 통해 신강 지역을 차지한 건륭제가, 정복한 지역에 대해 지리서를 편찬하는 관례에 따라, 이 지역에 대해 상세한 조사를 바탕으로 편찬한 방대한 지리서이다.

문(錢文)을 고쳐 주조했는데, 처음에는 여전히 옛날 형식을 따랐지만, 후에 내지(內地)의 것과 같이 바꾸어, 앞면에는 '건륭통보(乾隆通寶)'라고 한 자로 새겼고, 주전국이 설치된 지명을 뒷면에 부가하였다[回部舊屬準噶爾, 所用普爾錢文, 質以紅銅爲之, 製小而厚. 形圓橢而首微銳, 中無方孔. 當策妄阿剌布坦時, 面鑄其名, 背附回字. 噶爾丹策零嗣立, 即易名更鑄. 乾隆二十四年, 西域底定, 更鑄錢文, 初仍舊式, 後改如內地, 面鑄'乾隆通寶'漢字, 而以設局地名附于背]."

준갈이는 청나라 때 몽골의 4부(部) 가운데 하나로, 신강의 천산북로(天山北路)[112]에서 유목을 하며 살았다. 준갈이는 후에 이리(伊犁)[113]를 중심으로 하여, 액로특(厄魯特) 외에 3부(部)를 합병함으로써, 그 세력이 천산남로(天山南路)에까지 이르렀다. 상층 귀족인 갈단(Galdan, 噶爾丹)이 정권을 잡은 후에, 제정(帝政) 러시아 세력과 결탁하여 분열을 조장하여 통일을 파괴했으며, 또한 제정 러시아의 지지를 받아 몽골 지역을 침입하여, 직접적으로 청나라 정부의 안전을 위협하였다. 청나라 정부는 강희(康熙) 시기부터 끊임없이 군대를 동원했는데, 건륭(乾隆) 22년(1757년)에 마침내 그를 평정하였다. 건륭 24년에 준갈이 풀 화폐를 발행했는데, 모두 홍동(紅銅 : 순동)을 이용해 만들었으며, 동전이 크지는 않지만 꽤 무

112 천산북로(天山北路) : 실크로드 상에 있는 험준한 산맥인 천산산맥(天山山脈)의 북쪽 기슭을 통과하는 길을 '천산북로'라 하고, 남쪽 기슭을 통과하는 길을 '천산남로'라 한다. 청나라 때 이 천산북로 상에 준갈이부[準噶爾部]의 거점이 있었기 때문에, 줄여서 준부(準部)라고 부르기도 한다. 산기슭에는 오아시스가 발달하였다. 천산남로는 천산의 남쪽 기슭과 타림 분지의 북쪽 가장자리에서부터 파미르 고원 서쪽까지 통하는 길이다.
113 이리(伊犁) : 중국의 신강 위구르자치구의 북서부 천산산맥 중부에 위치하는 도시이다.

거워서, 한 개가 대략 7그램 정도이고, 타원형이며, 대가리가 뾰족하고 날카로워, 복숭아씨와 비슷하다. 일반적으로 두 종류로 구분하는데, 하나는 명문(銘文 : 기물에 새겨 넣은 문자)이 몽골 문자이고, 다른 하나는 차가타이(Chaghatai, 察合台) 문자이다. 차가타이는 칭기즈칸의 둘째 아들로, 차가타이 칸국(汗國)의 건립자인데, 이 칸국은 천산남·북로 지방을 모두 차지하고 있었다. 차가타이 문자는 아라비아 철자를 이용하여 표기한 페르시아어인 위구르(維吾爾) 문자이다. 이 두 가지 화폐의 앞면에는, 하나는 '체왕(Tsewang, 策妄)', 다른 하나는 '갈단 체렌' 두 사람의 이름이 새겨져 있다. 두 가지 화폐의 뒷면에는 모두 차가타이 문자로 "葉爾羌鑄造(야르칸트에서 주조했음)"라고 되어 있다. 엽이강(葉爾羌 : 예얼창)은 지금의 신강 사차(莎車 : '야르칸드'의 중국어 표기)이다. 건륭이 준갈이 칸국을 평정한 이후, 단기간 내에 옛날 양식에 따라 준갈이 풀 화폐를 발행했는데, 이후에 결국 내지(內地)의 화폐처럼 네모난 구멍이 있고, 한자로 '乾隆通寶(건륭통보)'라고 새긴 화폐를 다시 주조했으며, 주전국이 있는 지명은 여전히 뒷면에 새겼다. 이 '건륭통보'는 여전히 '풀(pul, 普爾)'이라고 불렀다. '普爾'는 위구르어인데, 한자로 번역하면 '錢(전)'이다.

신강(新疆)의 풀전(pul錢, 普爾)

이 화폐는 홍동(紅銅)으로 만들었다. 건륭은 준갈이를 평정한 다음, 맨 먼저 앞면은 한문이고, 뒷면은 만주 문자와 위구르 문자로 된 '건륭통보'를 발행했는데, 여전히 홍동을 사용했기 때문에, 홍전(紅錢)이라고 불렀으며, 새로운 풀전[新普爾錢]이라고도 불렀다. 이것이 네모난 구멍이 있는 홍전의 시초이며, 줄곧 청나라 말기 선통(宣統) 연간까지 신강에서

▲ 함풍원보(咸豊元寶) 홍전(紅錢)

주조한 화폐인데, 대부분이 홍동을 사용했기 때문에 모두 홍전이라고
부른다.

　『고궁청전보(故宮淸錢譜)』에는 부반양전(部頒樣錢)[114]과 그것의 주전(鑄
錢) 과정을 다음과 같이 기록하고 있다. "건륭 24년에 회부를 평정하자,
장군 조혜(兆惠)[115]의 요청에 따라, 야르칸트(葉爾羌)에 주전국을 개설하
였다. 호부에서 화폐의 형식을 공포하였는데, 여전히 홍동을 이용하였
으며, 1문(文)의 무게는 2돈이고, 전문(錢文)인 '건륭통보'는 한문을 사용
했으며, 뒷면에는 야르칸트라는 성명(城名)을 주조했다[乾隆二十四年, 以回
部旣平, 從將軍兆惠之請, 開局于葉爾羌城. 由戶部頒發錢式, 仍用紅銅, 每文重二
錢, 文爲'乾隆通寶'用漢文, 背鑄葉爾羌城名]." 건륭 22년에는 준갈이를 평정

---

114 부반양전(部頒樣錢) : 봉건 정권 중앙 정부의 호부(戶部)와 공부(工部)에서 감독하
　　여 제조하고, 각 성(省)들이 표준으로 삼도록 반포한 견본 화폐를 가리킨다.
115 조혜(兆惠) : 전체 이름은 오아 조혜(Uya Jauhvi, 烏雅 兆惠, 1708~1764)이고, 자(字)는
　　화보(和甫)이며, 건륭 시기의 장군이다.

했으며, 이후에 다시 관리를 파견하고 병력을 증강하여 신강에 진주했는데, 당시 신강의 각지에 주둔한 병력이 1만여 명이나 되었다. 군정(軍政)의 비용을 충당하고 그 지역 경제 무역의 발전을 위해, 건륭 24년에 장군 조혜가 야르칸트에 주전국을 개설하고 화폐를 발행할 것을 요청했다. 조혜는 일찍이 청나라의 호부시랑(戶部侍郎)·참찬대신(參贊大臣)이었는데, 반란을 평정하는 데 공을 세우고 이리(伊犁)에 주둔했으며, 일등무의모용공(一等武毅謀勇公)에 봉해졌다. 그의 요청에 따라, 그 해에 곧 야르칸트에 주전국을 설치하고, 부반양전을 이용하여, 앞면에 '乾隆通寶'라는 문자가 있고 네모난 구멍이 있는 홍전을 발행하였다. 뒷면의 문자는, 구멍의 오른쪽에 위구르 문자로 '야르칸트(葉爾羌)'라고 새겼고, 구멍의 왼쪽에는 만주 문자로 새겼는데, 당시 역음(譯音)이 정확치 않았기 때문에 '葉爾奇木(엽이기목)'이라고 새겼다가, 2년 후에야 비로소 '葉爾羌'이라고 고쳤다.

라시딘 코자(Rashidin Khoja, 熱西丁汗)[116] 화폐

이 화폐는 동그랗고 네모난 구멍이 있으며, 직경은 2.3~2.4센티미터이다. 양쪽 면에 모두 차가타이 문자로 된 전문이 있는데, 앞면의 문자는 "사이드 가지 라시딘 칸(Said Ghazi Rashidin Khan)"이고, 뒷면의 문자는 "수도인 쿠차(Kucha)에서 제조했음"이라는 의미이다. 어떤 것은 회족(回族) 문자로 기년(紀年)을 새겨 놓았다.

---

116 라시딘 코자(Rashidin Khoja) : 1863~1867년의 신강에서 이슬람 반란이 일어났던 시기에 쿠차(Kucha) 지역에 수립했던 이슬람 정권.

탕가(Tanga, 天罡) 은폐(銀幣)

신장에서 사용되는 은폐는 '탕
가(tanga : 중앙아시아어로 은을 가리
킨다)라고 불리는데, 무함마드 야
쿱 베그(Mohammad Yaqub Beg)[117]
시기에 처음 발행되었다. 동치(同
治) 6년(1867년)에 야쿱 베그가 국
외 세력의 지원을 받아 신강을 점
령한 후, 카스(喀什)를 수도로 삼
고 금·은·동으로 화폐를 발행했
는데, 이로 인해 신강에서 금·은

▲ 신강(新疆) 홍전(紅錢) '라시딘 코자(熱西丁汗)'

으로 화폐를 주조하는 역사가 시작되었다. 후에 위구르족 사람들과 청
나라 군대의 공격을 받아 야쿱 군대는 고이륵(庫爾勒 : 쿠얼러)에서 패배
했고, 그는 자신의 부하에 의해 살해되었다.

내몽골과 티베트[西藏] 지역의 고화폐

차가타이 칸국의 화폐

차가타이 칸국은 원(元)나라에서 서북 종번국(宗藩國 : 제후로 분봉된 종

---

117 무함마드 야쿱 베그(Muhammad Yaqub Beg, 1820~1877) : 중앙아시아 코칸트 칸국
(Khanate of Kokand)인 아크매케트(Ak-Mechet : 지금의 카자흐스탄 키질로르다)의 베그
(Beg 혹은 Baig : 수령)였다. 제정 러시아 및 영국으로부터 막후 지지를 받아, 1865년
부터 1877년까지 신강의 카슈가르(Kashgar)와 야르칸트(Yarkant) 일대를 지배하였
으나, 후에 청나라의 섬감총독(陝甘總督)인 좌종당(左宗棠)에게 격파당했다. 중국
역사에서는 이를 '동치회변(同治回變)'이라고 부른다.

실이 통치하는 제후국)으로, 중앙아시아의 몽골 칸국을 통치했다. 국력이 가장 왕성할 때, 영토는 동쪽으로 투루판·로프노르(타림 분지의 동쪽 끝에 있는 내륙 호수—옮긴이)에 이르렀고, 서쪽으로는 아무르 강에 이르렀으며, 북쪽으로는 탈바하타이 산에 이르렀고, 남쪽으로는 힌두쿠시 산을 넘어섰다. 칭기즈칸은 건국한 후, 몽고인 4천 호(戶)를 떼어 차가타이에게 주었고, 후에 여러 아들들에게 봉지(封地)로 나누어 주었다. 차가타이는 위구르 경계로부터 하중(河中)[118]까지 이어져 있는 초원 지대를 받았는데, 이 일대의 성곽 지역은 정부가 직접 관리를 파견하여 관할했다. 차가타이 칸국이 발행한 화폐에는 금·은·동의 세 종류가 있다. 그 중 은폐는 이 지역에서 대량으로 유통된 전통 화폐이다.

티베트[西藏] 화폐

건륭 57년(1792년)에 청나라 조정은 티베트 지방 정부에 명령하기를, 중앙 정부의 주장대신(駐藏大臣)[119]이 감독하여, 주전로를 설치하고 지역 성격의 유통 화폐인 '건륭보장(乾隆寶藏)'을 발행하여, 오랜 기간 동안 이 지역의 구르카(Gurkha, 廓爾喀 : 네팔)에서 유통되어 온 품질이 낮은 은폐를 폐기하고 대신 사용하도록 촉구하였다. 이듬해에 청나라 조정은 정식으로 〈흠정장내선후장정(欽定藏內善後章程)〉[120]을 반포했는데, 특별히

---

118 하중(河中) : 영어로 트랜스옥시아나(transoxiana)라고 하는데, 중앙아시아의 야무다리야 강과 시르다리야 강 사이에 있는 지역을 일컫는 말이다.

119 주장대신(駐藏大臣) : 청나라 때, 중앙 정부가 서장(티베트) 지방에 파견하여 주재하도록 한 행정장관을 가리킨다. 원래의 완전한 명칭은 '흠차주장판사대신(欽差駐藏辦事大臣)'이며, '흠명총리서장사무대신(欽命總理西藏事務大臣)'이라고도 불렀다.

120 흠정장내선후장정(欽定藏內善後章程) : 〈흠정장내선후장정이십구조(欽定藏內善後章程二十九條)〉 혹은 〈신정서장장정이십구조(新訂西藏章程二十九條)〉라고도 하며,

'전법(錢法)' 1장을 제정하여, 티베트에 '주전국[보장국(寶藏局)]'을 설치하고, 현지에서 통일된 관전(官錢)을 주조하도록 했으며, 또한 새로 주조할 관전의 모양·품질·환율 및 주장대신이 친히 감독할 것 등을 상세히 제시함으로써, 이 일이 순조롭게 실시되도록 확실히 보장하였다. '건륭보장' 은폐는 바로 중국 역사상 처음으로 형태·중량·품질 등을 모두 중앙 정권

▲ 건륭보장(乾隆寶藏)

이 문서로 통일하여 규정하고, 엄격하게 감독했으며, 또한 광범위하게 사용한 은으로 만든 유통화폐이다. 그리고 이는 중국 근대에 관에서 외국의 은화를 모방하여 만든 효시이자, 또한 중국 중앙 정부가 티베트에 대해 신성불가침의 주권을 소유하고 전면적으로 행사한 상징이다. 티베트에서는 건륭 연간에 '건륭장은(乾隆藏銀)'을 통일적으로 발행한 것 외에, 그 전에도 은폐를 발행한 적이 있다.

청나라 조정이 티베트를 통치하는 중요한 근거가 되었다. 구르카 전쟁 이후, 건륭 황제가 장수(將帥)인 복강안(福康安) 등에게 지시하여 제정하였다.

▲ 도교(道敎) 주문(咒文) 화전(花錢)

9. 오색찬란한 화전(花錢)

옛 화폐들 가운데에는 독특한 화폐가 있는데, 이런 것들을 통틀어서 '화전(花錢)'이라고 부른다. 겉모습을 보면 화전은 모두 화폐 형상으로 만들어졌지만, 용도상으로 화전은 결코 유통되지 않았으며, 아무런 화폐의 기능을 갖추고 있지 않았다. 중국 화전의 전통은 유래가 깊은데, 유통 화폐 이외에 화폐 형태로 만든 행운용(幸運用)·벽사용(辟邪用)·감상용(鑑賞用)이 있어, 민간 풍속에서 행운을 불러오거나, 사악한 귀신과 불결한 것을 물리치거나 오락 감상용으로 이용하였다. 일찍이 한대(漢代)에 사람들은 화전을 만들어, 오로지 사악한 귀신을 물리치는 장식으로만 사용했기 때문에, '염승전(厭勝錢)'[121]이라고도 부른다. 당(唐)·송(宋) 시대에 나날이 널리 전해졌고, 명(明)·청(淸) 시대에는 극도로 성행했다. 그 가운데에는 관로(官爐 : 관에서 운영하는 주전로)에서 주조한 것이 있지만, 훨씬 많은 것들은 민간에서 주조한 것이며, 갖가지 형식과 종류가 매우 많다. 내용을 보면, 길상(吉祥)과 찬송(贊頌)에서부터 유희와 오락(娛樂)까지, 관혼상제에서부터 아기의 탄생과 생일 축하에 이르기까지, 사악한 귀신을 물리치는 것에서부터 재물과 운수를 불러오는 것까지,

---

121 염승전(厭勝錢) : '염승'이란 '주술로써 복종시키다'라는 뜻이므로, 염승전은 '주술을 부리는 돈'을 의미한다.

불교 경전의 문구에서부터 도교의 주문에 이르기까지, 날짐승과 들짐승에서부터 신선과 도깨비에 이르기까지, 꽃이나 나무에서부터 누대(樓臺)와 정각(亭閣)에 이르기까지, 인물고사(人物故事)에서부터 시사(詩詞)와 주령(酒令 : 술자리에서 흥을 돋우기 위해 하는 놀이)에 이르기까지, 상량(上梁 : 건물을 지을 때 마룻대를 올리는 일)과 개로(開爐 : 가마를 새로 여는 일)에서부터 상을 주고 재복(財福)을 기원하는 것에 이르기까지, 사회생활의 각 영역들에 두루 걸쳐 있었다.

길어전(吉語錢)

대체로 길상어(吉祥語)·길상연호(吉祥年號)나 제왕의 연호를 새겨 넣은 축성전(祝聖錢)이 모두 이 부류에 속한다. 전국(戰國) 시대에 연(燕)나라의 첨수도(尖首刀) 및 제나라의 법화도(法化刀) 뒷면에는 모두 '吉'자가 새겨져 있는 것을 볼 수 있다. 서한(西漢)의 사수반냥(四銖半兩)[122]은 구멍의 위·아래에 예서(隷書)로 '上問(상문)'이라고 새겼는데, 여기에서 '上'은 임금을 뜻하고, '問'은 가엾게 여겨 안부를 묻는다는 뜻이다. 즉 한나라 천자가 어떤 사람에게 안부를 묻는다는 것은 특별히 영광스러운 일이었다. 이 밖에 구멍의 위·아래에 측서(側書)[123]하여 전서(篆書)체로 '如

---

122 사수반냥(四銖半兩) : 기원전 179년에 한나라 문제(文帝) 유항(劉恒)이 고조(高祖)로부터 제위에 물려받은 다음, 자유롭게 돈을 주조할 수 있도록 허락했는데, 오분전(五分錢)이 문제 전원(前元) 5년(기원전 175년)에 발행한 반냥전에 비해 가볍고 작은 것을 감안하여, 조정에서는 법으로 돈의 무게를 4수(銖)로 정했기 때문에, '사수반냥'이라고 부른다.
123 측서(側書) : 세로쓰기의 경우에는 주로 오른쪽에, 가로쓰기의 경우에는 주로 위쪽에 덧붙이는 작은 글씨.

▲ 길어화전(吉語花錢)

言(여언)'이라는 두 글자를 새겨 놓은 것이 있는데, 이는 여의(如意 : 뜻하고 바라는 대로 됨)라는 말을 가차(假借)한 것이므로, 이것도 역시 길언(吉言)이라고 할 수 있다. 양한(兩漢 : 서한과 동한) 시기의 화폐인 오수(五銖)와 대천오십(大泉五十)에도 '長宜子孫(오랫동안 자손들이 평안하다)'·'君宜侯王(임금이 제후들을 평안하게 한다)'·'宜婦保子(아내와 화목하고 자녀를 보호하다)'·'宜門子孫(가문과 자손들을 평안하게 한다)'·'辟兵(전란의 화를 비켜가다)'·'宜官秩吉(관직 생활이 길하고 평안하다)'·'日富美麗(날마다 부유해지고 아름다워진다)' 등의 길상어들이 보인다. 이들 전문(錢文)의 글자는 정교하고 아름다우며, 도안과 설계가 독특하여, 흔히 볼 수 있는 것들이 아니다. 또한 길어오수전(吉語五銖錢)도 있다. 1935년 12월, 남경(南京)에서는 '대길오수'·'대통오수'·'대부오수' 등 몇 가지가 출토되었는데, 이는 관(官)에서 주조한 길상전(吉祥錢)들이다.

당대(唐代)에는 화체(花體 : 장식용으로 도안화한 서체) 전서(篆書)가 유행했는데, 현재 중국에서는 매우 보기 어렵지만, 오히려 일본에는 남아 있다. 일본 나라(奈良)의 도다이지(東大寺) 쇼소인(正倉院)에 보존되어 있는 중국 당대의 병풍에 이 전서가 있는데, 이는 일본 덴초(天長) 연간(824~833년)에 쿠카이오쇼(空海和尙)가 쓴 〈야마토 주 마스다 저수지의 비명(大和州益田池碑銘)〉으로, 현재 와카야마(和歌山) 샤카몬인(釋迦文院)에 있다. 세상에 남아 있는 '金玉滿堂(금옥만당)' 뒷면에 두 마리의 용 문양이 있는 화폐는, 그물 문양 바탕에 은으로 유금(鎏金)[124]했고, 두 마리의 용은 오른쪽으로 돌고 있는데, 정교하게 만들어졌다. 이 화전의 서체는 당대의 화체 전서와 서로 유사하고, 용의 형상도 당·송 시대의 형태이며, 당대 화폐의 진품(珍品)이다.

이 밖에, 축수전(祝壽錢)도 길상(吉祥)을 기원하는 화전에 속하는데, 주로 궁중에서 황제와 황후의 생신 축하나 민간에서 노인들의 생신 축하에 사용했다. 중국의 민속에서 황제와 황후의 생신일은 만수절(萬壽節)이므로, 만수전을 발행하여 축하했다. 예컨대 '壽慈萬壽(수자만수)' 은전(銀錢)이나 '長生不老(장생불로)' 같은 화폐들이 있다. 이 화폐들은 10문(文)씩 색이 있는 새끼줄로 묶어 놓았으며, 그 위에 '夫妻偕老(부처해로 : 부부가 평생을 함께 살다)'·'百年好合(백년호합 : 부부가 평생 사이 좋게 지내다)'·'早生貴子(조생귀자 : 일찍 귀한 아들을 낳다)' 등의 길상어를 써 놓았다. 또 세아전(洗兒錢)[125]이 있는데, 이는 아들을 낳은 날 나누어 주는 데 사

---

124 유금(鎏金) : 도금(淘金)과 비슷한 의미인데, 금과 수은을 합성하여 만든 금 아말감을 동(銅)으로 만든 물체의 표면에 바른 다음, 가열시켜 수은을 증발시키면, 금이 물체의 표면에 달라붙어 벗겨지지 않는데, 이러한 도금 기법을 가리킨다.

125 세아전(洗兒錢) : 위의 설명과 약간 다른 내용으로, 아이를 낳은 지 3일 후에 그 갓난아이를 씻어 줄 때, 친척들이 아이에게 주는 돈을 가리킨다는 주장도 있다. 명나라 심경(沈鯨)이 지은 극본집(劇本集)인 『쌍주기(雙珠記)』 「피병실려(避兵失侶)」에는 다음과 같은 구절이 있다. "(안록산이) 궁궐을 드나들며, 비빈(양귀비)이

용한 길어전이다. 당대의 시인 왕건(王建)의 시에는 "왕자가 내원(內院)에서 마침내 태어나니, 나인(內人)들이 다투어 세아전을 바라네[妃子院中初降誕, 內人爭乞洗兒錢]"라는 구절이 있는데, 이는 당대 사람들은 아이가 탄생한 날 '세아전'을 뿌림으로써, 그 아이가 무병장수하고 장래에 총명한 인재로 자라 줄 것을 기원했으며, 이것이 점차 민간의 습속이 되었다는 것을 말해 준다.

민간고사전(民間故事錢)

이러한 화전은 대다수가 도안을 이용하여 고사 내용을 표현했는데, 그 중 소수는 그림과 글이 모두 뛰어나다. 예를 들어 '태경고사(馱經故事)'전(錢)에는, 한 필의 말이 등에 책을 싣고 있고, 두 명의 수행인이 뒤따르고 있는데, 이는 동한 명제(明帝) 때 채음(蔡愔)이 서역으로 가서 불법(佛法)을 구해온 일, 또한 동시에 천축(天竺 : 인도) 승려 섭마등(攝摩騰)과 축법란(竺法蘭)이 백마에 불경을 싣고 낙양(洛陽)으로 돌아온 일을 표현하였다. 또 '이십사효(二十四孝)'전은 동영(董永)[126]이 자신의 몸을 팔아 아버지의 장례를 치르고, 곽거(郭巨)[127]가 아이를 땅에 묻고 어머니를 봉

어머니가 된 것을 경배하고, 세아전을 주었다[出入禁中, 拜貴妃爲母, 賜洗兒錢]."
126 동영(董永)의 효행 고사 : 한나라 때 동영은 효행이 지극하여 홀아버지를 극진히 모셨다. 밭에 나가 일을 할 때에도 아버지가 외로울까 봐 집에 홀로 남겨 두지 않고, 수레에 태우고 나가 그늘에서 쉴 수 있도록 했다. 그런데 아버지가 세상을 떠났을 때, 장례를 치를 돈이 없자, 자신의 몸을 팔아 받은 돈으로 장례를 치렀다. 동영을 샀던 사람은 나중에 이 사실을 알고 감동하여, 큰돈을 주어 동영을 돌려보냈다고 한다.
127 곽거(郭巨)의 효행 고사 : 곽거는 품팔이를 하는 아내와 함께 홀어머니를 모시고 살았는데, 어머니가 식사를 할 때 맛있는 음식을 손자에게 나누어 주었다. 이를

▲ 대관통보(大觀通寶)

양하려 한 것 등, 24명의 효행 고사를 표현하였다. 또 하나의 화전은 진고전(鎭庫錢)이다. 진고전이란, 관에서 운영하는 주전국에서 유통화폐를 처음 발행하기 전에, 전고(錢庫 : 화폐 창고)의 재난을 제압하기 위하여 특별히 주조한, 아주 크고 무거운 화폐를 가리키는데, 어떤 것은 화폐에 특별히 '鎭庫'라는 문구를 새겨 넣었다. 지금 전해 오고 있는

최초의 진고전은 남당(南唐)의 '대당진고(大唐鎭庫)'전인데, 이후에 역대 왕조들이 모두 진고전을 주조했다. 또한 '鎭庫'라는 두 글자를 새기지 않은 진고전도 있는데, 예를 들면 '대관통보(大觀通寶)' 합배대전(合背大錢 : '합배'에 대해서는 83쪽 참조)·'대관통보' 유금대전(鎏金大錢)·'만력통보(萬曆通寶)' 특대전(特大錢) 등이 있다.

중국 고대에 민간에서는 민가·궁전·사묘(祠廟)·성문(城門)을 지으면서 왕왕 들보 위에 화폐를 올려 놓았는데, 이러한 화전(花錢)을 상량전(上樑錢)이라 불렀으며, 들보를 눌러 주어 사악한 귀신을 물리치는 것으로 이용하였다. 민가의 경우에는 대부분 보통 화폐들 가운데 '태평통보

본 곽거는 "아들이 어머니의 음식을 나누어 먹으니, 가난해서 제대로 공양할 수 없다. 자식은 다시 얻을 수 있지만, 어머니는 다시 얻을 수 없다"고 하면서 아들을 땅에 묻어 버리려고 땅을 팠다. 그런데 땅속에서 돌로 된 솥이 나와 뚜껑을 열어보니, 황금이 가득 담겨 있었다고 한다. 하늘이 감동하여 내려 준 것이다.

(太平通寶)'·'순치통보(順治通寶)' 같은 것들을 선택하여 사용했다. 또 벽사어(辟邪語 : 사악한 귀신을 물리치는 말)를 새겨 넣은 상량전도 있는데, 예를 들면 앞면에는 '鎭宅平安(진택평안 : 집을 평안하게 안정시키다)', 뒷면에는 '吉星拱照(길성공조 : 행운의 별이 보호해 주다)'라고 새긴 화폐가 그것이다. 청나라 때 복건(福建) 지역에서는 모양이 왕망(王莽)의 금착도(金錯刀 : 57쪽 참조)나 화포(貨布)[128]와 유사한 상량전이 유행했는데, 이것들은 대부분 문묘(文廟 : 공자를 모신 사당)나 성문(城門) 위에 사용하였다.

종교용 화폐

종교용 화폐는 주로 불가(佛家)와 유가(儒家)에서 사용한 화폐이다. 사원 명칭을 사용한 화폐로는 '承華普慶(승화보경)'·'大福安寺(대복안사)'·'大吳天寺(대오천사)'·'穆淸銅寶(목청동보)' 등과 같은 것들이 있고, 불가 명칭을 사용한 화폐로는 '阿彌陀佛(아미타불)'·'寶珠菩薩(보주보살)'·'寶瓶菩薩(보병보살)'·'大慈觀音(대자관음)'·'觀音佛祖(관음불조)'·'文殊菩薩(문수보살)'·'普賢菩薩(보현보살)' 등과 같은 것들이 있다. 주원통보(周元通寶)[129] 중 불사(佛寺)에서 만든 화폐의 뒷면에 강룡나한(降龍羅漢)과 복호나한(伏虎羅漢)이 새겨져 있는 것은 매우 드문 예이다. 이 밖에도 불팔보전(佛八

---

128 화포(貨布) : 왕망 천봉(天鳳) 원년(서기 14년)에 제4차 화폐 개혁을 할 때 발행하여, 화천(貨泉)과 함께 유통되었다. 1포(布)는 화천 25개에 상당했으며, 또한 임시로 계속 사용하던 화폐인 대천오십(大泉五十) 25개에 상당했다.
129 주원통보(周元通寶) : 오대십국(五代十國) 시기의 화폐로, 후주(後周) 세종(世宗) 현덕(顯德) 2년(955년)에 처음 발행했다. 후주의 세종 자영(紫榮)은 황제에 즉위한 다음, 군대를 유지하는 비용을 마련하고 백성들을 위무하기 위해, 불상과 절 안에 있는 동상들을 녹여 이 화폐를 발행했다.

▲ 예불도(禮佛圖) 대형 화전

寶錢)[130]이 있는데, 도안은 법라(法螺)·법륜(法輪) 등을 조합하였으며, 대부분이 명·청 시기에 보인다.

도가전(道家錢)은 방대하고, 종류가 매우 복잡한데, 궁관전(宮觀錢)·도가부주전(道家符咒錢)·생초전(生肖錢)·점복전(占卜錢) 등이 있다. 또 팔괘(八卦)의 괘 모양이나 십이지지(十二地支)의 이름을 새겨 넣은 사신전(四神錢)도 있는데, 이는 곧 화폐에 청룡(靑龍)·백호(白虎)·주작(朱雀)·현무(玄武) 등 사방(四方)을 상징하는 네 가지 신물(神物)을 새겨 넣은 화폐이다. 팔선전(八仙錢)은 도교의 여덟 신선(神仙)들을 새겨 넣은 것으로, 다시 명팔선(明八仙)과 암팔선(暗八仙)으로 나뉜다. 명팔선이란 팔선의 인물 형상이나 이름을 새겨 넣은 것을 가리키며, 암팔선이란 팔선들이 부리는 전

---

130 불팔보(佛八寶) : 팔길상(八吉祥)이라고도 한다. 불교 의식에 사용되는 여덟 가지 법기들을 가리키는데, 법라(法螺)·법륜(法輪)·보산(寶傘)·백개(白蓋)·연화(蓮花)·보병(寶瓶)·금어(金魚)·반장(盤長)이 그것이다.

형적인 신기(神器)를 새겨 넣어 암시하는 것을 가리킨다. 전해오는 화전들 가운데에는 주처참교(周處斬蛟)[131]나 전왕사조(錢王射潮)[132] 그림이 있고, 뒷면에는 길어(吉語) 혹은 팔선영부(八仙靈符 : 도교에서 신봉하는 여덟 신선의 신령이 깃들어 있다는 부적)가 있는 화전도 보이는데, 이러한 것들은 일반적으로 도교 성격을 띠고 있으면서, 아울러 제방을 쌓을 때 사용한 진수전(鎭水錢)이라고 여겨진다.

---

131 주처참교(周處斬蛟) : 이 고사는 남북조 시대에 유의경(劉義慶)이 지은 『세설신어(世說新語)』에 실려 있다. 주처(周處, 242~297년)는 자(字)가 자은(子隱)이고, 진(晉)나라 양선(陽羨) 사람이다. 그의 할아버지인 주방(周魴)은 오(吳)나라의 파양태수(鄱陽太守)가 되었다. 주처는 젊을 때 힘이 세고 성격이 난폭했는데, 아버지가 일찍 세상을 떠나면서 아무도 그를 가르치고 교도하지 않았으므로, 항상 저잣거리에서 사람을 두들겨 패고 말썽을 일으키자, 고향 사람들에게 골칫거리로 여겨졌다. 그런데 당시 긴 다리 밑에는 독각교(獨角蛟 : 뿔이 하나 달린 교룡)가 살고 있었고, 남산에는 백액호(白額虎 : 이마가 하얀 늙은 호랑이)가 살고 있어, 함께 백성들에게 해를 입혔다. 이 때문에 사람들은 주처와 함께 이들을 '삼해(三害)'라고 일컬었는데, '삼해' 가운데 백성들에게 가장 골칫거리가 또한 주처였다. 훗날 어떤 사람이 그를 설득하여 호랑이를 사살하고 교룡을 죽이도록 했는데, 사실상 세 가지 해 가운데 단지 한 가지 해만 남겨 두려는 것이었다.

132 전왕사조(錢王射潮) : 이는 절강성(浙江省)의 한족(漢族)들 사이에 전해오는 고사이다. 옛날에 전당강(錢塘江)은 파도가 사나워서, 양쪽 강가에 거주하는 백성들에게 재해를 입혔다. 당나라 말기에 사람들이 '전왕(錢王)'이라고 부르던 오월왕(吳越王) 전류(錢鏐)가 항주(杭州)에서 치수 사업을 벌였는데, 건설 중이던 전당강의 방파제가 여러 차례 파도에 의해 무너지자 매우 고민하였다. 그러자 시종이 말하기를, 이것은 강 속에 사는 조신(潮神)이 장난을 치기 때문이라고 했다. 때마침 8월 18일(조신의 생일이라고 전해진다)에, 전왕이 1만 명의 궁수(弓手)들을 데리고 가서 기다리고 있다가, 조신이 나타났을 때 전왕이 화살을 쏘도록 명령하자, 순식간에 1만 발의 화살이 발사되었다. 깜짝 놀란 조신이 길을 버리고 황야로 도망치자, 파도가 잦아들었다. 이 때부터 비로소 방파제는 만들어질 수 있었다. 백성들은 전왕이 조신을 쏜 것을 기념하여, 강변의 방파제를 '전당(錢塘 : 전왕이 만든 제방이라는 뜻)'이라고 불렀다.

행락전(行樂錢)

서한(西漢) 시기의 왕공과 귀족들은 술을 마시며 즐길 때, 왕왕 화전을 놀이기구로 이용하기도 했다. 1968년에 하북성(河北省)에 있는 중산정왕(中山靖王) 유승(劉勝)[133]의 부인인 두관(竇綰)의 묘에서 서한의 '궁중행락전' 한 세트가 출토되었는데, 모두 40개이다. 이 화폐는 네모난 구멍이 있는 원형이고, 테두리가 없으며, 앞면에는 전서(篆書)로 문자를 양각(陽刻)했으며, 뒷면은 평평하고, 직경은 3.3센티미터이다. 그 중 20개는 각각 '第一'부터 '第卄(제입 : 제이십)'까지의 문구를 새겨 놓았다.

송대에 흔히 볼 수 있는 박희(博戱 : 도박성 놀이의 일종) 도구가 있었는데, 타마격전(打馬格錢)이 그것이다. 이 화전은 장방형 패형(牌形 : 화투나 트럼프 모양), 네모난 구멍이 있는 원형, 그리고 구멍이 없는 원형의 세 가지가 있다. 그림은 다양한 신선(神仙)들로 이루어져 있고, 또한 명칭도 써 넣었는데, 놀이 방법은 오늘날 중국의 어린이들이 즐겨하는 놀이인 '비행기(飛行棋)'와 약간 유사하다. 이 밖에 상기전(象棋錢 : 중국 장기를 '象棋'라 하며, 이하에서는 이를 '장기'로 번역함)이 있는데, 이는 동전 형태로 만든 중국 장기짝이다. 그 형태는 구멍이 없는 원형, 네모난 구멍이 있는 원형, 동그란 구멍이 있는 원형이 있다. 기전(棋錢)은 '車'·'馬'·'炮' 등의 문자를 새긴 것 외에, 또한 일부는 그에 상응하는 차량이나 준마 등의 그림을 새겨 넣은 것도 있는데, 그 그림과 글자가 모두 훌륭하며, 매우

---

133 유승(劉勝) : 기원전 165~기원전 113년. 한나라 경제(景帝)의 아들이자, 무제(武帝)의 이복형이며, 어머니는 가부인(賈夫人)이다. 전원(前元) 3년(기원전 154년)에 중산왕(中山王)에 봉해졌다. 그가 세상을 떠나자, 시호를 정(靖)이라 했으므로, 역사에서는 그를 중산정왕(中山靖王)이라고 부른다.

▲ 동으로 만든 장기짝 화전

정교하고 아름답다.

패식전(佩飾錢)·괘등전(掛燈錢)·포복전(包袱錢) 및 명전(冥錢)

　걸고 채워서 몸에 지니고 다닐 수 있는 돈을 또한 '패전(佩錢)'이라고
도 부른다. 옛날 사람들은 흔히 앞가슴에 걸고, 허리띠에 차거나, 혹은
부채·쌈지·담뱃대에 묶어서 장식하고 감상하는 돈으로 삼았으며, 길상
(吉祥)·벽사(辟邪)의 의미를 지니기도 했다. 패식전은 한대(漢代)에 시작되
었는데, 원래는 돈 모양의 버클이었으며, 후에 그 위에 각종 길어(吉語)나
도안을 추가했다. 예를 들면 '日入千金(날마다 천금이 들어온다), 長無相忘

▲ 일입천금괘전(日入千金掛錢) (한)

(오랫동안 서로 잊지 않는다)'·'與天無極(하늘과 더불어 다함이 없다), 宜子保孫
(자손이 화목하고 평안하다)' 등이 그것인데, 비교적 보기 드물다. 한대에는
또한 양면에 각각 '辟兵莫當(전란을 당하지 않는다)'·'除凶去殃(재앙이 사라
진다)'을 새겨 넣은 벽병전(辟兵錢)도 있었으며, 위아래에 둥근 고리를 연
결해 놓았는데, 이것도 패식전의 일종이다.

한 가지 알아둘 만한 것은, 청나라 말기에 민간에서 대량으로 사용했
던 쇄편(鎖片)[134]도 패식전에 포함시킬 수 있다. 이 시대에는 과학이 발달
하지 않았고, 특히 의료·위생 기술 조건과 전염병의 예방과 치료 기술
이 기본적인 요구에 미치지 못하여, 수많은 가정의 아이들이 항상 질병

---

134 쇄편(鎖片) : 아이들이 액막이를 위해 금·은·동 등 금속 조각에 여러 가지 문구
나 문양을 새겨 목에 걸고 다니던 호부(護符)로, 자물쇠 모양으로 생겼다.

을 앓았으므로, 영·유아의 사망률이 매우 높았다. 사람들은 생명을 '붙잡아 두기' 위해 항상 아이의 몸에 쇄편을 걸어 주어, '자물쇠[鎖]'를 이용하여 '채워 놓아' 생명을 '붙잡아 두었다.' 이 쇄편의 다른 형태가 바로 몸에 착용하는 자물쇠 모양의 화전이다.

전해오는 패식전 가운데에는 또한 '文星高照[문재(文才)를 주관하는 별자리인 문곡성(文曲星)이 빛나다]'·'壯元及第(장원급제)' 등과 같은 길상어(吉祥語)나 괴성(魁星)[135] 도안을 새겨 넣은 화전도 있는데, 이를 세간에서는 괴성전(魁星錢)이라고 부른다. 이것이 함축하고 있는 의미는 과거에서 장원을 하거나 진사(進士)에 합격하기를 빌고 바라는 것이다. 그 중 특별히 유의할 만한 것이 시문전(詩文錢)이다. 시문전은 옛날 시구(詩句)를 전문(錢文)으로 삼은 것인데, 그에 상응하는 그림을 새겨 넣기도 하여, 내용이 매우 풍부하다.

괘등전(掛燈錢)과 포복전(包袱錢)은 청대에 궁정에서 사용한 화폐이다. 괘등전은 궁등(宮燈)[136]에 걸고 늘어뜨려 놓아 장식하는 데 쓰는 동전인데, 역사에는 주전국(鑄錢局)이 관례적으로 12월에 약간의 화폐를 정교하게 만들어 황제에게 바쳤다고 기록하고 있으며, 이를 '괘등전'이라고 부른다. 대체로 청대의 연호전(年號錢) 가운데에는 두툼하고 묵직하면서도 동(銅)의 품질이 좋은 것이 보이는데, 이것이 아마도 괘등전일 것이

---

135 괴성(魁星) : 중국에서 사람의 복과 명성이나 문장(文章)을 주관했다는 신(神)으로, 특히 과거를 보는 해에는 시험에 응시하는 사람들이 이 신에게 장원급제를 빌었다고 한다.

136 궁등(宮燈) : 화려하게 장식을 덧붙인 등을 가리키며, 궁정의 화등(花燈 : 꽃등)이라고도 하는데, 중국의 채색등 가운데 가장 특색 있는 한족 전통의 수공예품 중 하나이다.

다. 포복전은 역대 제왕들을 제사 지내는 봉선전(奉先殿)[137]에서 사용한 것으로, 제사 용품은 모두 노란색 주단(綢緞)으로 감싸고, 네 모서리에 각각 한 개씩의 커다란 동전을 매달았는데, 화폐의 앞면에 새긴 전문은 보통의 화폐와 차이가 없었지만, 화폐의 뒷면에는 모두 '天下太平(천하태평)'이라는 네 글자를 새겨 넣었으며, 또한 외형도 매우 크다.

명전(冥錢)은 사자(死者)가 저승에서 사용하여 태평하도록 돕고, 영혼이 빨리 하늘나라로 올라가도록 인도하는 데 사용한다고 여겨지는 물품이다. 넓은 의미로 말하자면, 대개 무덤에 매장하거나 무덤 앞에서 태우는 데 사용한 화폐는 모두 명전이다. 명전은 당대 이전에는 대부분 유통화폐로 대체했으며, 단지 일부만 석제(石製)·도제(陶製)·연제(鉛製)로 유통화폐를 모방하여 만들어 대신 사용했을 뿐이다. 예를 들면, 춘추전국 시대의 무덤에서 나온 '석패(石貝)'·'석의비전(石蟻鼻錢)'[138], 한대의 무덤에서 나온 도병(陶餠)·연병(鉛餠)·도오수(陶五銖), 육조(六朝) 시대의 무덤에서 나온 금·은 명폐(冥幣) 등이 그러한 것들이다.

요약하자면, 화전은 유통화폐가 아니고, 주로 감상이나 장식에 이용한 것이어서, 설계하여 창작할 때 이런 저런 제한을 받지 않고 자유로운

---

137 봉선전(奉先殿) : 옛날 중국의 궁전 건축물로, 북경의 자금성(紫禁城) 내정(內廷)의 동쪽에 있다. 이 건물은 명·청 황실이 조상들에게 제사를 지내는 가묘(家廟)였는데, 명나라 초기에 처음 건립되었다. 청나라 때는 명나라의 제도를 그대로 따랐으며, 순치(順治) 14년(1657년)에 중건했고, 후에 다시 여러 차례 수리를 거쳤다. 이 건물은 백색 수미좌(須彌座) 위에 '工'자 형태로 지어졌으며, 주변에 높은 담이 있다.

138 의비전(蟻鼻錢) : 전국 시대 초나라의 화폐 명칭으로, 귀검전(鬼臉錢)이라고도 하는데, 원래의 의미는 '개미의 코'이다. 재질은 동(銅)이며, 그 모양 때문에 붙여진 이름이다. 그 모양은 앞면이 볼록한 타원형이며, 앞면에는 음각으로 문자를 새겨 놓았다. 흔히 보이는 문자는 '貝'자이고, '君'·'圻(기)'자 등의 글자도 소수나마 보이지만, 그 의미는 알 수 없다.

창의성을 충분히 체현했으므로, 일반적으로 선이 대부분 비교적 유창하고 간결하다. 제조 기술면에서 보면, 화전은 일반적인 유통화폐의 기술에 비해 정교하고 심오하며 아름다워야 했다. 특히 그림의 측면에서는, 동물화는 물론이고 인물화도, 공필화(工筆畵 : 섬세하고 사실적인 그림)는 물론이고 사의화(寫意畵 : 사물의 특징만을 간결하게 그린 그림)도, 거의 한 올의 털까지 구분해 낼 수 있을 만큼 세밀한 데다, 살아 있는 듯이 생동감이 넘쳐서, 마치 부르면 걸어 나올 것처럼 생생하게 느껴진다. 화전은 당시의 발행량이 보통 화폐에 비해 적었기 때문에, 세상에 전해지는 것이 적으며, "물건은 적을수록 귀하므로[物以稀爲貴]" 그 문화재적 가치는 매우 높다.

10. 고화폐와 문자 서법(書法)의 결합

중국의 고화폐는 서양의 고화폐와 다르다. 같은 것은 문명 발상국인 그리스의 고화폐인데, 문자가 있을 뿐만 아니라 그림도 있으며, 특히 화폐의 앞뒷면에 모두 그림이 있다. 그 그림들로는 각종 인물·조수(鳥獸)·꽃과 나무 등을 매우 사실적으로 새겨 놓았으며, 특히 당시에 이미 인체의 구조에 대해 비교적 정확하게 인식하고 있었기에, 새겨 넣은 인물의 형상이 매우 정교하고 생동감 넘친다. 중국 고화폐에는 단지 문자만 있고, 매우 적은 수의 고화폐 혹은 특수한 화전(花錢)에만 도안을 새겨 넣었는데, 그것도 사실적인 도안은 아니다.

화폐의 서법

중국 화폐에 새겨진 문자의 서법 특징이 중국 문자의 발전 상황을 알수 있게 해주기 때문에, 중국의 화폐는 더욱 역사적 가치를 지니고 있다. 화폐에 새겨진 문자는 매우 높은 수준의 서법 예술을 갖추고 있는데, 그처럼 언어의 종류가 다양하고 서법이 아름다운 경우는 세계적으로 드물다.

중국 고화폐의 문자는 중국 문자 역사상 거의 모든 서체들을 포함하고 있으며, 또한 이는 대부분이 서법 명가들이 쓴 글씨여서, 예술적 조예가 깊은 걸작들이 적지 않다. 춘추전국 시기의 도포(刀布)와 환전(圜錢)에 새긴 문자는 모두 대전(大篆 : 37쪽 각주 13 참조)으로, 본보기 글자를 따라 새겼으며, 힘써 예술적 효과를 추구하지는 않았기 때문에 명쾌하고 질박해 보인다. 진시황이 화폐를 통일하고, '반냥(半兩)'을 발행하면서 소전(小篆)을 사용했는데, 서체가 묵직하고, 단정하면서 뛰어나며, 필세(筆勢)가 웅건하고 고르다. 왕망 시기의 화폐는 '현침전(懸針篆)'[139] 서체를 채용했는데, 정교하고 아름다우며 이상한 것이, 고화폐의 '삼절(三絶)' 가운데 하나라고 할 만하다. 서체는 쭉쭉 뻗어 우아하며, 위쪽은 촘촘하고 아래쪽은 성글며, 글자 형태는 좁고 길쭉한 것이, 마치 바늘이 거꾸로 매달려 있는 것 같다.

남북조(南北朝) 시기에 북주(北周)에서 발행한 화폐는 옥저전(玉箸篆)[140]을 채용했는데, 풍만하고 둥글둥글하며, 단정하고 장중하면서 균형이 잡혀 있으며, 주필(住筆 : 서법에서 한 획을 끝맺는 것)이 기둥과 같고, 그 모양이 힘줄과 같아, 필법(筆法)이 화려하고 아름다워, 육조(六朝)의 화폐 중 으뜸이다. 당대(唐代)의 '개원통보'는 저명한 서법가인 구양순(歐陽詢)이 썼으며, 팔분예서(八分隸書)[141]인데, 강건하고 함축적이며, 품위 있고

---

139 현침전(懸針篆) : 소전(小篆)의 일종으로, 전서(篆書)의 변형체이며, 수침전(垂針篆)이라고도 부른다. '현침'이란 세로획에서 획을 끝맺을 때 출봉(出鋒 : 뾰족하게 드러냄)하여, 마치 바늘처럼 생긴 것을 가리킨다.
140 옥저전(玉箸篆) : 소전의 한 종류이다. '箸'는 '젓가락'을 가리키는데, 소전의 필획이 마치 옥으로 만든 젓가락처럼 둥그렇기 때문에 붙여진 명칭이다.
141 팔분예서(八分隸書) : 그냥 팔분서(八分書)라고도 하며, 분서(分書)·분예(分隸)라고도 한다. 명칭의 유래에 대한 이론은 분분한데, 필획이 '八'자처럼 아래쪽이 벌어져 있다고 하여 붙여졌다는 주장이 유력하다.

수려하다. 북송(北宋)의 어서(御書 : 임금이 쓴 글씨) 화폐는, 송 태종(太宗) 황제가 해서(楷書)·행서(行書)·초서(草書)의 세 가지 서체를 이용하여 '淳化元寶(순화원보)'의 전문(錢文)을 쓰기 시작하면서부터, 황제가 전문을 쓰는 것이 일종의 제도로 확립되었다. 특히 송 휘종(徽宗) 황제의 어서 화폐는 중국 고화폐들 가운데 최고라고 할 만한데, 제작이 정교하고 아름다울 뿐 아니라, 매우 수준 높은 서법 예술의 성취를 이루었다.

▲ 순화원보(淳化元寶)

서법은 중국 특유의 예술로서, 중국 문화의 보고(寶庫) 가운데 한 가지 찬란한 보배이다. 중국의 서법 예술에는 뛰어난 작품들이 많이 있는데, 화폐라는 작디작은 세계에 중국의 유구하고 찬란한 문화의 매력을 담아 냈다.

전문(錢文)을 읽는 법

당나라 이전, 춘추전국 시기부터 진(秦)·한(漢) 시기까지의 전문을 읽는 법은, 기본적으로 한자(漢字)를 쓰는 습관에 따라 오른쪽에서 왼쪽으로 읽었는데, 예컨대 '半兩'·'五銖' 등과 같은 것들이다. 그리고 또한 일부 특수한 방식으로 읽는 것들도 있었는데, 예컨대 왼쪽에서 오른쪽으로 읽거나, 전형(傳形 : 글자의 오른쪽과 왼쪽이 뒤집힌 것)[142]이거나, 시계바늘 방향으로 읽거나, 시계바늘 반대 방향으로 읽는 것 등이다. 이러한 상황에서는 두 글자로 된 전문은 일반적으로 잘못 읽는 경우가 적다. 가장 흔히 잘못 읽는 경우는 여러 글자들이 둘러져 있는 화폐이며, 대부분은 원을 그리듯이 가장자리를 따라 읽는 형태인데, 시계바늘 방향으로 읽는 것들로는 '漆垣一釿(칠원일근)'·'銖重一兩十二(수중일냥십이)' 등이 있다. 당나라 이후의 각 조대에는 대부분 '通寶(통보)'·'元寶(원보)'를 보문(寶文 : 상서로움을 예시하는 문자)으로 삼았으며, 순독(順讀 : 오른쪽에서 왼쪽으로 읽는 것)과 선독(旋讀 : 시계바늘 방향으로 따라 읽는 것)을 병행하여, 일정한 구조를 형성했다. 명나라 이후에는 오로지 '통보'만을 보문으로 삼았고, 순독하도록 전문을 배치하는 고정된 구조를 확립했다. 그 사이의 변화 과정으로 인해 자칫하면 잘못 읽기 쉬웠는데, 예를 들면 당나라의 '乾元重寶(건원중보)'의 영향을 받아 송나라의 '乾道元寶(건도원보)'를 '乾元道寶(건원도보)'로 잘못 읽는 경우 등이다. 각 조대의 전문 배열 규칙을 파악하고 있어야만, 이러한 실수를 피할 수 있다. 일반적으로 대부분은 순독을 채용했는데, 즉 상우하좌(上右下左) 순서로 읽거나, 세로로 먼저 읽고 가로로 나중에 읽는 순서에 따르는 것이다. 이는 신망(新莽 : 60쪽 참조) 시기의 '六泉(육천)'에서 처음으로 시작되어, 원(元)·명(明)·청

---

142 전형(傳形) : 글자 자체와 글자를 읽는 방향이 모두 뒤집힌 것을 가리킨다. 화폐에서 전형이 생기는 까닭은, 거푸집에 글자와 글자의 방향을 거꾸로 새겨야만 주조한 화폐에는 바른 형태의 글자가 새겨지는데, 거꾸로 거푸집에 바르게 새겨서 주조했기 때문이다.

▲ 대하진흥(大夏眞興)

(淸) 시대까지 절대 우위를 차지했는데, 예컨대 '小泉直一(소천직일)'·'咸豊
通寶(함풍통보)' 등이 모두 이러한 것들이다. 흔히 볼 수 있는 선독은, 오
른쪽에서 아래쪽으로 시계바늘 방향으로 읽는 것인데, 이렇게 전문을
읽는 화폐는 송나라의 화폐에 비교적 많은 편이다. 예를 들면 '大泉當千
(대천당천)'·'大夏眞興(대하진흥)'·'天福元寶(천복원보)'·'淳化元寶(순화원보)'
등이 그러한 것들이다. 전문을 읽는 법은 소수민족의 화폐들도 역시 그
러한 특징들을 가지고 있다. 예를 들면 거란(契丹) 문자·서하(西夏)[143] 문
자와 파스파 문자[144], 그리고 청나라 때의 만주족 문자는, 전문을 읽을
때 모두 그것만의 일정한 관습을 지니고 있다.

---

143 서하(西夏) : 당항족(黨項族)이 중국의 서부에 건립했던 나라(1038~1227년)로, 원
래 자신들은 옛날 하(夏)나라의 후예라는 의미에서 '대하(大夏)'라고 불렀으나, 송
나라 사람들이 이들을 격하하기 위해, 송나라의 서쪽에 있다는 지리적 특징을
명칭으로 삼아 '서하'라고 불렀다.
144 파스파 문자 : 원나라 쿠빌라이 칸 시기의 국사(國師)였던 파스파가 창제한 몽고 문
자를 가리키는데, 이 문자가 몽고인들의 문명 발전에 상당히 기여했다고 한다.

찾아보기